ताओ-ते-छिङ.

ताओ-ते-छिङ.

लाओत्से

अनुवाद

वन्दना देवेन्द्र

राजकमल प्रकाशन

ISBN : 978-81-267-1601-2

मूल्य : ₹495

पहला संस्करण : 2009
दूसरा संस्करण : 2015

This book is printed on **Print on Demand** Technology : 2026

प्रकाशक : राजकमल प्रकाशन प्रा.लि.
1-बी, नेताजी सुभाष मार्ग, दरियागंज
नई दिल्ली-110 002

शाखाएँ : अशोक राजपथ, साइंस कॉलेज के सामने, पटना-800 006
पहली मंजिल, दरबारी बिल्डिंग, महात्मा गांधी मार्ग, प्रयागराज-211 001
1, अनमोल सोराबजी संतुक लेन, धोबी तलाव, मरीन लाइंस, मुम्बई-400 002

वेबसाइट : www.rajkamalprakashan.com
ई-मेल : info@rajkamalprakashan.com

TAO-TE-CHHING
by Laotse
Translated by Vandana Davendra

ताओ-ते-छिङ

'ताओ जिसे परिभाषित किया जा सके, शाश्वत ताओ नहीं।' ये शब्द संसार के धार्मिक साहित्य में सर्वाधिक लोकप्रिय हैं। ताओ-ते-छिङ के इक्यासी अध्याय बाइबल, भागवत गीता, कुरान आदि की तरह संसार की बहुत सी भाषाओं में अनूदित हुए हैं। फिर भी ताओ का अर्थ और अभिव्यक्ति रहस्यमय है। ताओ-ते-छिङ मनुष्य की आध्यात्मिक, सामाजिक, मनोवैज्ञानिक, दैनिक-दैहिक स्थिति-परिस्थितियों का सूक्ष्म अध्ययन है। यह मनुष्य की योग्यता के उन स्तरों का आग्रह करता है जो सामान्यतः हमारे बोध का हिस्सा नहीं हैं। यह पुस्तक धार्मिक व सामाजिक कर्मकाण्डी विलक्षणताओं से उपजी समस्याओं के सरलीकरण की अद्भुत सूक्तियाँ उपलब्ध कराती है, साथ ही वर्तमान में पश्चिमी संस्कृति की देन तर्कमूलक चिंतन के औचित्य को प्रश्नचिह्नित करते हुए मनुष्य के जीवन की सार्थकता का आह्वान करती है।

ताओ-ते-छिङ के इक्यासी अध्याय ढाई हज़ार वर्ष पूर्व हमारे समीपवर्ती राष्ट्र, चीनी जनसमूह को संबोधित थे। यह हमारे देश में बुद्ध का समय था। बुद्ध का 'क्षणिकवाद' अथवा ताओ ते का 'सभी द्रव्यों का मूल स्रोत में पुनः विलय, एक रागात्मक गूँज प्रदान करते हैं। यह साहित्य हम भारतीयों को चौंकाता नहीं वरन् अपनी स्पष्टता और सूक्ष्म दर्शन से अभिभूत करता है। गहन तपश्चर्य से प्राप्त कोई भी कला अथवा साहित्य की प्रस्तुति की भाँति ताओ-ते-छिङ भी समय सीमाओं से परे, सांस्कृतिक-सामाजिक विविधताओं, विरोधाभासों से विलग मनुष्य की नैसर्गिक मानसिक, शारीरिक और सामाजिक स्थिति का बेजोड़ विश्लेषण है। यह आध्यात्मिक उत्कर्ष और जीवन की सफलता के सूत्रों का सूक्ष्म दर्शन है। ताओ का मार्ग हमें दिखाता है कि ब्रह्मांड और हमारे अंतरलोक की ऊर्जाएँ परस्पर कैसे प्रतिबिंबित होती हैं। धूलिकण के समान तुच्छ होते हुए भी हम उस विराट का भाग हैं। दर्शन

के अभाव में जीवन यापन करते हुए हम स्वयं सरल मूल्यों को जटिल बनाकर जीवन प्रवाह में अवरोध उत्पन्न करते हैं।

इस पुस्तक के लेखक के विषय में प्रामाणिक ऐतिहासिक सूचनाएँ उपलब्ध नहीं हैं। कुछ किंवदंतियाँ अवश्य प्रचलित हैं। यह लगभग सर्वमान्य है कि लाओत्से मिथक नहीं वरन् सशरीर था। उसका जन्म चीन के होयान प्रान्त में ईसा से लगभग छह सौ वर्ष पूर्व हुआ। कथा यह भी कहती है कि कनफ्युसियस लाओत्से से मिलने आया था। वह लाओत्से की प्रतिभा से अचम्भित और प्रभावित हुआ। "चिड़िया उड़ सकती है, मछली तैर सकती है, पशु दौड़ सकता है। यह मैं जानता हूँ। जो दौड़ता है, उसके लिए फंदा बनाया जा सकता है, तैरनेवाले के लिए जाल बनाया जा सकता है। उड़नेवाले के लिए तीर बनाया जा सकता है, किंतु हवाओं और बादलों पर आरूढ़ परों-वाले सरीसृप का स्वर्ग में प्रवेश मेरे ज्ञान से परे था। आज मैंने लाओत्से के दर्शन किए, जो पंखों वाले अजदेह की तरह है।" कथा यह भी बताती है कि लाओत्से लोमांग की राजधानी के राजकीय अभिलेखागार का संरक्षक था। सामाजिक मूल्यों के सुज्ञात पतन से क्षुब्ध हो वह समाज को त्याग रेगिस्तान की ओर चला गया। हानकू दर्रे पर उसे यिन-शी नामक सीमा रक्षक ने रोका, जो लाओत्से के लौकिक-अलौकिक ज्ञान की ख्याति से परिचित था। यिनशी ने लाओत्से को अपनी दीक्षा लिपिबद्ध करने के लिए बाध्य किया। परिणामस्वरूप ताओ-ते-छिङ अस्तित्व में आई।

संसार के लगभग सभी धर्मों में प्रचलित ईश्वरीय पारलौकिकता ताओ-ते-छिङ में गौण है। लाओत्से के समसामयिक जैन धर्म प्रवर्तक संजय वैलट्ठिपुत्र एवं वर्धमान महावीर के दर्शन में 'द्रव्यों' से आकारों को प्राप्त भूतों के अस्तित्व में शंका अथवा 'स्यादवाद्' का प्रारब्ध भारत में हो चुका था। तत्पश्चात् कई सौ वर्षों के तपश्चर्य का प्रोणफल हमें बुद्ध के 'क्षणिकवाद' में उपलब्ध हुआ। इसका अर्थ है कि उस समय के धार्मिक दर्शन में परिवर्तन की लहर थी। उस समय हम यूनान से लेकर भारत तक के दार्शनिकों को उस स्रोत के प्रति जिज्ञासु पाते हैं जिससे विश्व की रचना हुई। वे सिर्फ कल्पनालोक में ही नहीं विचर रहे थे वरन् उन लोगों ने ज्ञात दुनिया का मानचित्र भी तैयार किया था जो बहुत समय तक व्यापारियों का पथ प्रदर्शन करता रहा। उस समय के यूनानी दार्शनिकों से लेकर भारतीय चर्वाक बौद्ध अथवा लाओत्से सभी ईश्वरीय चमत्कारों से

परे विश्व के अस्तित्व की भौतिक साधनों से साकार होने की कल्पना करते हैं।

कुछ मायावी घटा
खगोल की शून्यता में
पृथ्वी और स्वर्ग के जनमने से पूर्व
वह बना रहा एकाकी अपरिवर्तित
सदैव साक्षात् और गतिमान
दस सहस्त्र तत्त्वों की
जन्मदात्री है वह शायद
उसका नाम अज्ञात है
समुचित शब्द के
अभाव में
उसे ताओ पुकारे

× × ×

मनुष्य पृथ्वी का अनुगमन करते हैं
पृथ्वी स्वर्ग का
स्वर्ग ताओ का अनुशरण करता है
ताओ शाश्वत प्रकृति का।

यहाँ पुस्तक की भाषा पर विचार एवं टिप्पणी आवश्यक है। ताओ शब्द का चीनी भाषा में 'डो' के रूप में उच्चारण किया जाता है। लाओत्से के समकालीन ताओ के अर्थ की व्याख्या सरलता से कर सकते थे—इसमें शंका है। इसे यूँ समझना चाहिए कि शब्द ताओ अथवा ताओ-ते-छिङ चीनी भाषा सहित संसार की किसी भी भाषा में, पूर्ण रूप से अनूदित नहीं किया जा सका, जबकि लाओत्से कहता है, ''मेरे शब्द सरलता से समझे जा सकते हैं और उनकी कार्यरूप में परिणति भी सरल है।'' आधुनिक अनुवादकर्ता 'ताओ' शब्द को चीनी भाषा में ही रहने देते हैं। इस पुस्तक के अनुसार 'दस सहस्त्र द्रव्यों की जननी' वह आदि अगाध स्त्रोत, जिससे विश्व की रचना हुई, उसका नाम ताओ' है। यह 'ताओ' का भौतिक अर्थ है। मनुष्य की नैसर्गिकता का उद्घाटन करनेवाला 'ताओ' मनोविश्लेषक है। 'ताओ' का गहन अर्थ हमारा गतिमान रूप है। 'ताओ' का सामाजिक, नैतिक अर्थ मनुष्य का मनुष्य के साथ व्यवहार है। ताओ का आध्यात्मिक अर्थ इसके

द्वारा उपलब्ध मार्ग-दर्शन अथवा सत्य की खोज है। ताओ के ये बहुत से अर्थ परस्पर विरोधाभासी नहीं हैं, फिर भी ताओ बहुअर्थी होने की वजह से रहस्यमय बना रहता है।

ताओ-ते-छिङ में ब्रह्मांड के विस्तार से लेकर संसार के दैनिक-दैहिक कलापों तक ताओ का उद्‌घाटन है। 'ताओ' शायद एक अनुभव है जिसका उसके घटने के समय आभास किया जा सकता है। अपने पूरे अस्तित्व से उसका रसास्वादन किया जा सकता है। यह अभौतिक, सूक्ष्म, अनोखा अनुभव है जो हमारे सोचने-समझने के रोज़मर्रा तरीके से अलग है। जीवन की पार्थिव सच्चाइयों को पौराणिक साधनों से हम अपने जीवन के अनुभवों में उतारते हैं। जबकि लाओत्से के सारगर्भित सूत्र उससे अलग हैं और हमें उन्हें अलग तरीके से समझना चाहिए। सोचने-समझने का तरीका बदलने के स्थान पर एक नूतन चेतना-बोध के उदय की आवश्यकता है। ऐसे बोध के अभिराम संचार से अभिभूत कैसी भी पूर्णता के मोह से मुक्त जीवन सुगमता से व्यतीत हो। स्पष्ट दर्शन से संचालित जीवन ही मनुष्य के अस्तित्व की सफलता है। इसके विपरीत हम काम करते हैं, प्रेम करते हैं, संघर्ष करते हैं, भोजन करते हैं, सोते हैं और सपने देखते हैं, हम अपने-अपने ईश्वर की आराधना भी करते हैं और जीवन के अंतिम छोर मृत्यु को प्राप्त होते हैं। बोध के अभाव में सब कार्य हम एक तरह की तन्द्रा में लीन रहते हुए करते हैं। इसलिए जब कोई हमें द्रव्यों से बने आकारों की नश्वरता या जीवन की क्षणभंगुरता की याद दिलाता है, तो हम चौंकते हैं अन्यथा सफलता-असफलता, उपलब्धि-अभाव और सांसारिकता हमें व्यस्त रखते हैं। यहाँ विभिन्न धर्मों के रूप में प्रचलित पंथ भी कोई मदद नहीं करते।

इस साहित्य को समझने के लिए 'ते' शब्द जिसे चीनी भाषा में 'डेह' उच्चारित किया गया है, 'ताओ' के समान महत्त्व का है। यह शब्द हमारे ध्यान अभिव्यक्ति के माध्यम से हमारे दैनिक कलापों के प्रति हमारी सजगता का द्योतक है। अन्य कुछ अनुवादकों ने 'ते' शब्द को 'गुण' कहा है। यह हमारी सामाजिक-धार्मिक नैतिकता से अभिभूत अवचेतन पर अंकित छाप का परिणाम हो सकता है जो स्थिति-स्थान बदलने के साथ बदल जाती है। किंतु हमारे नैतिकता संबंधी सरोकारों से इसका कोई लेन-देन नहीं है। यह हमारे समाज, संस्कृति, स्थिति, स्थान, वर्ग, राष्ट्र आदि से प्रभावित होनेवाली नैतिकता भी नहीं है वरन् यह नैतिकता आधितात्त्विकी पर आधारित प्रचलित मूल्यों की मान्यताओं से अलग है। यह शुद्ध मनुष्यता है।

इस साहित्य के माध्यम से हमारे सामने एक ब्रह्मांडीय शक्ति अथवा स्रोत उपस्थित होता है, जिसके विस्तार से विश्व सृजन की कल्पना की जाती है। दस सहस्र द्रव्यों का अस्तित्व को प्राप्त होना और पुनः स्रोत की ओर लौटने की गति भी है। यह प्रक्रिया अथवा गति 'ते' है। अन्य भूतों की तरह मनुष्य प्राकृतिक सृजन है और ऊर्जा के सृजनात्मक संप्रेषण का साधन है। यही मानवीय चेतना निधि है। इसलिए जो गति स्रोत की ओर संचालित करती है, वह जीवन की नैसर्गिकता का उद्घाटन है, कर्म नहीं। लाओत्से का अध्ययन राष्ट्रीय, क्षेत्रीय, सामाजिक, सांस्कृतिक, वार्गिक मूल्यों पर आधारित नैतिकता से विलग मनुष्य के अधोनैसर्गिक मानवीय गुणों का विगोपन है। लाओत्से के हिसाब से महानतम कार्य का वहन सूक्ष्मतम चेतना ऊर्जा का स्वाभाविक प्रवाह है। साधारण नैतिक व्यवहार इसके विपरीत है।

जब हममें से प्रत्येक अपनी महत्त्वाकांक्षा के मद में व्यक्तिगत स्तर पर युद्धरत हो तब समाज कितनी सुरक्षित जगह रह जाएगा? भूमि, सोना और अन्य बहुमूल्य रत्न सदैव हमारी पृथ्वी पर कई हिमयुग पहले डायनासोर के समय में भी थे। भविष्य के हिमयुगों में जब मनुष्य का अस्तित्व नहीं रहेगा और पृथ्वी पर फिर विशालकाय जीव विचरेंगे, तब भी रहेंगे क्योंकि सभी द्रव्य सृष्टि का भाग हैं। हमारे लिए सर्वाधिक महत्त्वपूर्ण जीवन है। यही उत्सव का विषय होना चाहिए। ताओ साधु महत्त्वाकांक्षा को कुंठित कर नैसर्गिकता के समीप वास करता है और यह घाटे का सौदा नहीं बल्कि जीवन का भरपूर उपयोग है। इसी तरह सांसारिक उपलब्धियों से उपजा अहंकार भी स्रोत से दूर सतह पर गतिमान कारकों से जनित है। यह चेतना की अबोध स्थिति है जो 'ची' (ऊर्जा) के संचार में अवरोध उत्पन्न करती है। यह विचार हमारी सामाजिक व्यवस्था पर आधारित नैतिकता और योग्यता की साधारण परिभाषा से अलग व क्रान्तिकारी है। सत्य का ज्ञान, गुणों का अनुभव और जो उपयोगी है उसका संपादन स्रोत से है। हमारी प्राथमिकता व एकमात्र दायित्व ऐसे व्यक्तित्व का उद्घाटन है जो विश्व की सृजनात्मक ऊर्जा का वहन करे।

ईश्वरीय पारलौकिता व प्राकृतिक शक्तियों के पूजन-यज्ञ-अग्निहोत्र से विश्व व भारत के लोगों का मोह भंग होने लगा था। लाओत्से के समय विश्वभर में दार्शनिक विचार सम्मोहित करने लगे थे। इसका अर्थ यह हुआ कि पूर्वी देशों से लेकर यूनान तक नए दार्शनिक युग का भोर हो रहा था।

लाओत्से इनका समसामयिक था। वह चीन के एक राज्य की राजधानी में स्थित व एक महत्त्वपूर्ण पद पर था यानी देश-परदेश की सूचनाओं के केन्द्र में था। चीन और भारत के मध्य व रेशम मार्ग से पश्चिमी देशों तक आवागमन उसके समय से पहले ही स्थापित हो चुका था। वह उस समय की प्रचलित दार्शनिक धाराओं से कितना प्रभावित हुआ, कहा नहीं जा सकता। लाओत्से अपने विचारों में पूर्णतः स्पष्ट और दृढ़ है। उसके विचारों में दुविधा बहुत कम दिखाई देती है। गीता के 'कर्म करो फल की इच्छा न करो' के विपरीत वह आजीविका के लिए आवश्यक प्रयास को कर्म के रूप में स्वीकार नहीं करता अन्यथा कर्म करने से वह हतोत्साहित करता है। इसलिए वह उपनिषदीय आदर्श—सौ वर्ष तक कर्म करते हुए जीने—से सहमत नहीं है। लाओत्से के समय वैभव के साधन जनसाधारण के लिए दुर्लभ थे। समृद्धि और वैभवशालियों की संख्या बहुत कम थी। बहुत थोड़े लोग अत्यन्त सम्पन्न थे, अन्य दरिद्र अथवा दास थे। साधारण आदमी मितअभिलाषी और आत्मसंयमी था। कार्य की अधिकता अतिमहत्त्वाकांक्षा का उत्पात ही हो सकती थी और शायद कार्य की अति अराजकता का पर्याय, इसलिए वह अकर्मण्यता से विश्रांति के मार्ग की यात्रा कराता है।

चेतना के स्तर पर असीम का अनुभव करानेवाला ताओ-ते आध्यात्मिक उत्कर्ष का हिमायती है। ब्रह्मांडीय व्यवस्था में हमारी तुच्छता का उस विराट का भाग होने का आभास अद्‌भुत है। हम विराट प्रवाह के सूक्ष्मतम अंश मात्र हैं और "संसार तत्त्वों के शाश्वत विधान से संचालित हैं। इसे व्यतिकरण से शासित नहीं किया जा सकता।" तब हमारी सामान्य सांसारिक महत्त्वाकांक्षाएँ और उपलब्धियाँ निरर्थक हो जाती हैं। प्राणी जगत में दुर्लभ अधोनैसर्गिक मानवीय चेतना-बोध, ताओ से सृजनात्मक उद्योग की अपेक्षा अपवाद है। अंततः यह कहा जा सकता है कि साधारण लोगों के लिए ताओ-ते-छिङ का सम्मोहन उसकी दीक्षा के उपयोग में था।

लाओत्से के अनुसार प्राकृतिक होना कठिन है। यह हमारे अंतर में रिक्तता की माँग करता है। ब्रह्मांडीय उर्जा का प्रवाह हमारे अस्तित्व में अबाधित रहे जैसी अपेक्षा है। यह प्राकृतिक होना नितान्त दुर्लभ साधना है, जो किसी भी जैविक द्रव्यमान के लिए अलौकिक जैसी है। शुनरिउ सुजकी के अनुसार, "वनस्पति, शिलाओं एवं अन्य जीवों के प्राकृतिक होने में कोई समस्या नहीं है, समस्या हमारे प्राकृतिक होने में है और बड़ी समस्या है।"

प्रकृति से हमारा सरल संप्रेषण भी दुरूह हो गया है। उदाहरण के लिए भूकंप अथवा सूनामी आदि विपदाओं का आभास अन्य सभी प्राणियों को हो जाता है। उन्हें किसी यांत्रिकी की आवश्यकता नहीं पड़ती। वे उक्त स्थान को त्याग देते हैं; जबकि मनुष्य को सर्वाधिक जानमाल की हानि उठानी पड़ती है। इसका अर्थ है कि हम सनातन प्रवाह से छिटक गए हैं। और जिन घटनाओं के प्रवाह में हम सम्मिलित हैं वह स्वयं में पूर्णतः अप्राकृतिक है। वह ताओ-ते-छिङ में वर्णित प्रवाह नहीं है। इसलिए हम अशांत और कुंठित हैं। निर्मलता ही विश्रांति और आनंद का स्रोत है। मन की निर्मलता के अभाव में सांसारिक, वैभव, ज्ञान आदि सब निरर्थक हैं। दूसरे शब्दों में प्राकृतिक होना दर्पण होने जैसा हो सकता है। जो कुछ प्रत्यक्ष है, यथारूप प्रतिबिंबित हो और उसी का दर्शन हो। हमारा सांसारिक इंद्रजाल अधिकाधिक अप्राकृतिक भूतों से सुशोभित है और हम अपनी अप्राकृतिकता में इतने प्राकृतिक या लीन हो चुके हैं कि हमारा यथावत् प्राकृतिक होना ताओ-ते-छिङ के अनुसार सार्थक नहीं हो सकता।

दस सहस्र द्रव्य स्वयं विकसित होते हैं
फिर भी वे कर्म की वासना से पूर्ण हैं तब
वे अनगढ़ पदार्थ की सरलता को लौट जाएँगे
आकार के अभाव में वासना का लोप होगा
वासना के अभाव में अकर्मण्यता प्राप्त होगी
इस गति से अंततः सकल पदार्थ
विश्रांति को उपलब्ध होंगे।

स्रोत से प्रवाहित दस सहस्र तत्त्वों से साकार अनेक द्रव्यों की तरह मन मस्तिष्क भी अनेक पदार्थों की धुंध से भरा है। उन्हीं पदार्थों से जनित पूर्वग्रह और पक्षपात से हमारी भावनाएँ, अभिलाषाएँ, आवेग, भय, प्रेम, संवेदना, विचार आदि उद्भूत होते हैं। और हमारा पदार्थों से भरा मस्तिष्क द्रव्यों से भरी सृष्टि को जानता है। वह चेतना के पृष्ठ भाग से अवचेतन तक उन्हीं राग-द्वेषों से रंजित है। ताओ ते के अनुसार प्राकृतिक होना, पूर्वग्रहों से रिक्त सरल होने की प्रक्रिया का अवलोकन करें :

निरंतरता के ज्ञान से मस्तिष्क निष्कपटता को प्राप्त होगा
निष्कपट मस्तिष्क से उदार हृदय प्राप्त होगा
उदार हृदय से तुम उत्कृष्ट कार्य करोगे

उत्कृष्टता से तुम दिव्यता को प्राप्त होगे ?
दिव्यता तुम्हें ताओ से एकाकार करेगी
ताओ के साथ एकात्म्य से नित्यता की प्राप्ति होगी
शरीर नष्ट हो जाता है ताओ अनंत है।

लाओत्से ने आवश्यकताओं को न्यूनतम करने की बात है। उसने त्याग से स्वर्ग प्राप्ति नहीं वरन् स्वर्ग तले इस संसार में जो फल उपलब्ध होंगे, उनकी चर्चा की है :

दया से निर्भयता प्राप्त होती है
मितव्ययता से उदारता आती है
विनम्रता से नेतृत्व प्राप्त होता है

वर्तमान में लोग दया त्याग कर
वीरता प्राप्त करने का प्रयास करते हैं
वे मितव्ययता से विलग उदार
होने का प्रयास करते हैं
विनय में विश्वास के अभाव में वे
अग्रणी होने का प्रयास करते हैं
यह निश्चित मृत्यु है

× × ×

मनुष्यों में श्रद्धानुभूति का अभाव ही
विपदा का स्रोत है
घरों में घुसपैठ मत करो
जब वे कार्यरत हैं उन्हें मत सताओ
यदि तुम हस्तक्षेप नहीं करोगे
वे तुमसे आतंकित नहीं होंगे।

मानसिक, भौतिक, आध्यात्मिक क्षेत्रों में अत्यधिक हस्तक्षेप से मनुष्य की उन्मुक्त नैसर्गिक भावनाओं, संवेदनाओं आदि का दम घुटने लगता है। शरीर व हृदय त्रस्त और कुंठित हो जाते हैं। फलतः हाल के वर्षों में पूर्वी दर्शन में रुचि बढ़ी है। हजारों वर्षों से पूर्वी दर्शन ने अद्‌भुत नूतन विचारों को प्रेरित किया है। दरअसल युगों के वैचारिक तपश्कर्म के फलस्वरूप विभिन्न उत्कर्ष दार्शनिक विचारधाराओं के मिलने से पूर्व में नैतिक

उन्मुक्तता का जन्म हुआ। भारत के पौराणिक मत के अनुसार कोई संतति अवैध (बास्टर्ड) नहीं हो सकती क्योंकि हमारे यहाँ किसी भी रूप में मिलन, स्त्री-पुरुष समागम विवाह के समकक्ष स्वीकार्य था। गंधर्व विवाह जैसी उन्मुक्त रीति सहित आठ प्रकार के विवाह प्रचलित थे और उनसे वृहत्तर भी सम्भावनाएँ थीं। हमारे यहाँ चेस्टिटी बेल्ट जैसा कोई शोषण कभी नहीं था। कुछ अनोखे विचार हैं, जो अन्य पूर्वी दर्शनों की भाँति ताओ-ते-छिङ से प्रकट होते हैं।

स्वर्ग का ताओ उनसे प्राप्त करता है
जिनके पास आवश्यकता से अधिक है
और उन्हें दान करता है जिनके पास
यथाआवश्यक भी नहीं है
मनुष्य का विधान निराला है
वह उनसे लेता है जिनके पास नहीं है और
उन्हें देता है जिनके पास पहले से ही बहुत है

यहूदी रहस्य मानवीय चेतना को ग्रहण करने, उदार होने एवं स्त्री की तरह होने की प्रेरणा देता है। भारत में अनादि काल से स्त्री लक्ष्मी, सरस्वती, चण्डी, दुर्गा जैसी शक्तियों के रूप में ज्ञात है। लाओत्से दस सहस्र द्रव्यों के स्रोत को आद्यमातृत्व के रूप में देखता है :

उपत्यका की आत्मा अमर है
यह आद्यमातृत्व नारी है
उसका द्वार स्वर्ग और नरक का आधार है
यह एक आवरण है जो कठिनाई से गोचर है
इसका प्रयोग कभी असफल नहीं होगा।

× × ×

एक महान देश उपत्यका के सदृश
निम्नस्थ हो
यह संसार का संगम स्थल है
विश्व का मातृत्व।

स्त्री पुरुष को निश्चलता से जीतती है
निश्चल निम्नस्थ।

लाओत्से ने स्त्री के विषय में बहुतायत से स्तरीय, सम्माननीय विचार व्यक्त किए हैं। उसने सर्वाधिक गूढ़ दार्शनिक विषय में अपने वैचारिक तथ्य को स्पष्ट करने-समझने योग्य बनाने के लिए अनेक बार स्त्री का उदाहरण दिया है। इसका ध्येय कहीं भी किसी भी समाज में स्त्री स्वतंत्रता आंदोलन की राजनीति और सामाजिक संदर्भ से नहीं है। लाओत्से का सरोकार स्त्री के मानवीय स्वभाव-प्रकृति से है। मानवता जो स्त्री और पुरुष दो भागों का योग है। उसमें स्त्री पक्ष के संवेदनशील योगदान से है। हम उन जीवों में से हैं जिनकी गति दो शरीरों के लयात्मक संबंधों से अभिव्यक्त होती है। हम दो भागों में विभक्त एक अस्तित्व हैं। जीवन की गति का संचालन और संवर्द्धन शांत, उदार, ऊर्जा के संवाहक साधन के अभाव में कहाँ संभव है ? लाओत्से पुरुष को स्रोत से प्रवाहित और स्त्री को स्रोतोन्मुख गति के रूप में व्यक्त करता है। स्त्री निशब्द निष्क्रिय प्रज्ञा है जो पुरुष अस्तित्व की मानसिक व शारीरिक रिक्तता में वास करती है। पुरुष जानता है कि स्त्री है।

स्वर्ग के पट खोलते-मूँदते तुम
क्या स्त्री की भूमिका का निर्वाह कर सकते हो?

चीन के पुरातन यिन और येन के मिथक के अनुसार स्त्री का संबंध अंधकार, मृत्यु, विघटन और विलोपन से है यानी असृजनात्मक वृत्ति से है और सृजनात्मक, उज्ज्वल उत्पादक, विकासशील आदि येन अथवा पुरुष के पर्याय हैं। तब स्त्री को भावनाओं-संवेदनाओं से जोड़ने से बड़ी मूर्खता क्या हो सकती है। किंतु लाओत्से के सिद्धान्त के अनुसार नकारात्मक मूलभूतों के विघ्न से भी सकारात्मक भूत सशक्त होते हैं। वह मानव प्रकृति का विचारक है।

इस पुस्तक के अनुसार हमारे अंतर में चेतना की सजगता को ही ताओ का मार्ग कहेंगे। चेतना की सजगता अथवा प्रज्ञा, बोध, उज्ज्वल दृष्टि द्रव्यों-मनुष्यों की प्रकृति का दर्शन जैसा कुछ है। यह प्राणियों में जन्मजात उपलब्ध है। जिन लोगों का ताओ-बोध सजग है उन्हें स्वतः ही सत्य का दर्शन हो जाता है। उन्हें विशेष प्रयास की आवश्यकता नहीं पड़ती, जो एक दुर्लभ घटना है; अन्यथा उस चेतना-प्रज्ञा के लिए क्या उद्योग किया जाए? यहाँ ताओ-ते-छिङ कोई सहायता नहीं करती। भारत में बोध को सशक्त करने के लिए मनुष्यों से तप-साधना की अपेक्षा की जाती थी। मानसिक

और चेतना संबंधी विषयों के लिए ध्यान का प्रावधान है। अब ध्यान से मनुष्य के ताओ-बोध को क्या मदद मिल सकती है, कहा नहीं जा सकता। यह इस पर भी निर्भर होगा कि किसी भी व्यक्ति में सूक्ष्म दर्शन अथवा बोध का स्तर क्या है। मनुष्य का बोध, ताओ जब प्रबल होगा, वह संत बन जाएगा। ताओ-ते-छिङ का संत जो ताओ और बोध में अद्वितीय है।

ताओ-ते-छिङ दर्शन से भी वृहत्तर अध्यात्म है। उसके अध्याय आपस में जुड़े हुए हैं। किसी भी छंद की पुनरावृत्ति नए परिप्रेक्ष्य में नए विचार अथवा नया दृष्टिकोण उपस्थित करती है। ताओ-ते-छिङ के छंद अपनी मौलिकता में अनोखे हैं और लाओत्से की अद्‌भुत दृष्टि का उद्‌घाटन करते है। इनका अध्ययन करते हुए आप अभिभूत हुए बिना नहीं रह सकते। संसार की निधि में ताओ-ते-छिङ जैसा दुर्लभ साहित्य ढाई हजार वर्षों से उपलब्ध है। फिर भी मानवकृत अति उपद्रव युद्ध और अराजकता सर्वत्र है। लाओत्से ने सत्य ही कहा है कि ताओ दुर्लभ है। ताओ के अभाव में मनुष्य के जीवन का अर्थ गौण हो जाता है। हम बगैर ताओ अथवा बोध के सकल जीवन प्रवाह का अंश बने रहते हैं। ताओ के अभाव में जीवन आदि से अंत तक एक स्वप्न की तरह है। ताओ-ते-छिङ हमारे क्षणिक अस्तित्व से जनित स्व की नहीं वरन् बोध की अपेक्षा करती है। यह ताओ-बोध पारलौकिक संसार के लिए नहीं है वरन् इसकी आवश्यकता हमें इसी जीवन में इसी संसार में है। इसका लक्ष्य मनुष्य मस्तिष्क की उपज अप्राकृतिक माया का मोचन है और संसार को मनुष्य के रहने योग्य एक बेहतर स्थान बनाने का है। हमारी महत्त्वाकांक्षाओं, अहंकार, विकारों को न्यूनतम कर जीवन को सरल, सृजनात्मक, उपयोगी बनाने का है।

लाओत्से के अनुसार हमारे लोकव्यवहार का ताओ समाज को कैसी भी अराजकता व संघर्ष से सुरक्षित करने के लिए जन-साधारण व समाज के कर्णधारों का मार्ग-दर्शन करता है :

> जब शासक को ताओ के अनुकूल परामर्श दिया जाएगा
> तब यह शस्त्र बल से विश्व विजय की मंत्रणा कदापि नहीं होगी
> युद्ध से प्रतिरोध जैसे दुष्परिणाम उपस्थित होते हैं
> जिस क्षेत्र से सेनाएँ जाती हैं काँटेदार झाड़ियाँ उठ खड़ी होती हैं

युद्धोपरान्त के वर्ष दुर्भिक्ष का सामना करते हैं
अतः प्रयोजन के लिए यथोचित आवश्यक अभियान होना चाहिए
ध्यान रहे कि शक्ति का दुरुपयोग न हो
परिणाम प्राप्त हों किंतु उनमें किंचित् गर्व का अभाव रहे
फल उपलब्ध हो आत्मश्लाघा किंचित् न हो
सफलता हो, अहंकार न हो
सफलता नैसर्गिक माँग है किंतु साधन हिंसा न हो।

जीवन की सार्थकता को प्राप्त करने के लिए लाओत्से की सूक्तियाँ पथ-प्रदर्शन करती हैं :

सुनम्य हो और सुरक्षा को प्राप्त करो
वक्र हो और सरलता को प्राप्त करो
रिक्त हो और परिपूर्णता को प्राप्त करो
जीर्ण हो और नूतनता को प्राप्त करो
दरिद्र हो और असीम प्राप्त करो
सम्पन्न हो और विभ्रम को प्राप्त हो
अतः ज्ञानी अनन्य को उपलब्ध हो
संसार के समक्ष आदर्श स्थापित करते हैं।

× × ×

पुरुष के बल का मान करो
किंतु स्त्री के अवधान का संरक्षण करो
श्वेत का ज्ञान हो
किंतु श्याम का भरण करो।

सांसारिक उपलब्धियों के आकर्षण से उपजा मोह और अप्राप्ति से उपजी निराशा या प्राप्ति-अप्राप्ति के बीच की मनोदशा दुविधा, भ्रम आदि का लाओत्से ने सूक्ष्म अध्ययन किया है :

पांडित्य का मोह त्याग कष्टों का अन्त करो।

स्वीकृति और अस्वीकृति में अंतर क्या है?
शुभ और अशुभ में भेद क्या है?
सकल संसार जिससे आतंकित है

कदाचित मुझे भी उससे भयभीत होना चाहिए,
यह मूर्खता है।

दूसरों के पास उनकी आवश्यकता से अधिक है
किंतु मेरे पास कुछ नहीं
मैं मूर्ख दुविधामय हूँ जबकि
दूसरे स्पष्ट और तेजोमय हैं
मैं एकाकी हतप्रभ अशक्त हूँ
जबकि दूसरे तीक्ष्ण और चतुर हैं
सिर्फ़ एक मैं ही मंद और भ्रांत हूँ
मैं समुद्र की लहरों की भाँति लक्ष्यहीन और
दिग्भ्रमित पवन की तरह अशांत हूँ।

अन्य सभी व्यस्त हैं
अकेला मैं निरुदद्देश्य और निराश हूँ
फिर भी मैं अनन्य हूँ
मैं महामातृत्व से सिंचित हूँ।

× × ×

उज्ज्वल मार्ग हत्प्रभ जान पड़ता है
उन्नतोन्मुखी अवनतोन्मुख प्रतीत होता है
सरल मार्ग दुरूह लगता है
शीर्षस्थ गुण रिक्त प्रतीत होते हैं
परम पवित्रता निरानंद लगती है
गुणों की सम्पत्ति अपर्याप्त प्रतीत होती है
सद्गुणों की शक्ति अशक्त लगती है
शाश्वत गुण असत्य प्रतीत होते हैं
जैसे पूर्ण चतुर्भुजाकार में प्रकोष्ठ नहीं होते
विलक्षण प्रतिभाएँ दीर्घजीवी होती हैं
और प्रौढ़ होने में समय लेती हैं।

अब हम ताओ-ते-छिङ के उन अध्यायों पर विचार कर सकते हैं जो राजनीतिक नेतृत्व और सामाजिक व्यवस्था के विषयों की व्याख्या करते हैं।

ताओ-ते-छिङ की धार यहाँ भी उतनी ही तीक्ष्ण है। ऐसे विषयों में ताओ-ते-छिङ की यिन एवं येन का नकारात्मक और सकारात्मक ऊर्जाओं का संतुलन बनाए रखना ही लोकव्यवहार की कला का सूत्र है। पश्चिमी दर्शन के आध्यात्मिक अर्थ में यिन अथवा येन का आलिंगन 'अलकैमिकल मैरिज' है। इसे पवित्र उभयलिंग भी कह सकते हैं जिसका अर्थ एक ही शरीर में दो विपरीत ऊर्जाओं का उद्‌घाटन है। ब्रह्मांडीय अभिव्यक्ति भी प्रकाश और अंधकार दोनों से प्रकट होती है। सरल अर्थ में ये एक ही सिक्के के दो पहलू हैं अथवा एक समानान्तर रेखा पर एक ही विषय के दो छोर हैं। सामाजिक ताओ, बोध इन विषयों से संबंधित निर्णय लेने में सहायक है। ताओ-ते-छिङ ने जितनी दक्षता से आत्मावलोकन निर्वाण आदि के सूत्रों को प्रतिपादित किया है, उतनी ही सूक्ष्मता से युद्ध, नेतृत्व, शासन, सामाजिक व्यवस्था, लोक-व्यवहार आदि के लिए सूक्तियाँ दी हैं। उसका आध्यात्मिक ताओ और लोक-व्यवहार का ताओ दोनों सशक्त हैं। आत्मविश्लेषण व सूक्ष्म अध्ययन से प्राप्त उसकी दृष्टि प्राणियों और पदार्थों के प्रति अनुभूतिक्षम है। लाओत्से एक विलक्षण मनोविश्लेषक है। वह चीज़ों को निष्पक्ष और आर-पार देखने में सक्षम है।

लाओत्से जानता था, विभिन्न मनुष्य अलग-अलग प्रतिक्रिया करते हैं। इसलिए कोई कानून या अन्य यांत्रिक व्यवस्था उनके लिए पूर्णतः कारगर नहीं हो सकती। वह यह भी जानता था कि दमन-शोषण से बगावत उपजती है। इसलिए वह शासकों को जनसामान्य के जीवन में अनावश्यक हस्तक्षेप करने से हतोत्साहित करता था। वह राजा और प्रजा के बीच व्यवहार के सूत्र प्रतिपादित करता है। वह अच्छे व्यक्ति के प्रति अच्छा होने के साथ बुरे व्यक्ति के प्रति भी अच्छा होने का हिमायती है, जिससे हिंसा-प्रतिहिंसा का चक्र निर्मित न हो सके। लाओत्से के विचार विरोधाभासी प्रतीत हो सकते हैं किंतु किसी भी अन्य प्राणी की तरह हमारी भी सीमाएँ हैं। मौलिक रूप से हममें अनोखा कुछ भी नहीं है। मात्र संयोजन भिन्न है, इसलिए किसी अन्य प्राणी की तरह मनुष्य का व्यवहार भी स्थिति-परिस्थिति के बदलने के साथ क्षण-क्षण बदलता है। लाओत्से सूक्ष्म मनोविश्लेषण से विभिन्न मनुष्यों की क्षमताओं अथवा सीमाओं को समझता था जो आनुवंशिकता के सिद्धान्त से आज प्रमाणित हो गया है। वह समझता था कि जीवन एक अनवरत प्रवाह है और हमारे जीवन के अल्पकालिक होने की वजह से हमें बहुत कुछ ठहरा हुआ अथवा यथावत् दिखाई देता है जिसे हम अपने प्रयासों

से बदल सकते हैं। इस तरह का हमारा अहंकार धोखा है क्योंकि सकल द्रव्य स्वयं परिवर्तनधर्मी हैं। अति महत्त्वाकांक्षा अति उत्पात जीवन के प्रवाह में गतिरोध उत्पन्न करते हैं। इसलिए वह अकर्मण्यता की स्तुति करता है।

लाओत्से उन्मुक्तता को सर्वाधिक महत्त्व देता है। कुंठाओं, अवरोधों, अतियों से परे शांत-विश्रांत जीवन मनतरंग से संचालित हो। यही जीवन की उपयोगिता है। जीवन में स्वास्थ्य, शांति बनाए रखने के लिए आवश्यक कार्य और अभियान के उपरान्त पुनः विश्रांति को लौटना उत्सव का विषय है। संपत्ति, शक्ति के अतिसंचय से असुरक्षित होना निश्चित है। शासकों, सत्ताधारियों के जीवन असुरक्षा के आतंक से घिरे रहते हैं। विषाक्त भोजन आदि जैसे भयों से त्रस्त वे जीवनोपयोगी सामग्री के प्रति भी शंकित रहते हैं। उनकी निजता सांसारिकता की भेंट चढ़ जाती है। सूचनाएँ बताती हैं कि संसार के प्रत्येक क्षेत्र के सफलतम व्यक्ति कैमरे के सामने से अधिक मनोचिकित्सकों, भविष्यवक्ताओं, तांत्रिकों आदि के यहाँ देखे जाते हैं।

इसलिए लाओत्से ज्ञान-अज्ञान, मान-अपमान, संपन्नता-विपन्नता, सफलता-असफलता जैसे भूतों से अप्रभावित सहज प्रवाह में आनंदपूर्ण जीवन-यापन की सलाह देता है। मणि-माणिक्य से निर्मित कलात्मक बंध आभूषण का भ्रम उत्पन्न कर सकते हैं किंतु वस्तुतः वे बंधन ही हैं जो जीवनोपयोगी ऊर्जा के संचार में अवरोध उत्पन्न करते हैं। साथ ही वह धार्मिक नैतिकता की देन तप-पवित्रता को भी निरर्थक समझता है जो मूल शारीरिक-भौतिक आवश्यकताओं को न्यूनतम करने में पूरा जीवन व्यय कर देती हैं।

एक दार्शनिक डायोजनीस ने अपना पूरा जीवन एक ईमानदार व्यक्ति की खोज में बिता दिया। उसका अनुभव था कि किसी व्यक्ति पर भरोसा नहीं किया जा सकता। लाओत्से यह जानता था कि ऐसी अपेक्षा ही बेमानी है। वह मनुष्य की नैसर्गिकता में उसे समझता था। इसलिए आवश्यक आवश्यकताओं से वंचित अथवा अनावश्यक भौतिक-अभौतिक महत्त्वाकांक्षाओं के भार तले दबे दोनों प्रकार की अतियों से आतंकित मनुष्य के दुख से वह परिचित था। इसी संतुलन के बोध से लाओत्से के सामाजिक, राजनीतिक एवं मनुष्य के व्यक्तिगत व्यवहार के सूत्र आते हैं।

लाओत्से का विपुल दर्शन बुद्ध के मध्यम मार्ग जैसा है। समसामयिक यहूदी रहस्यवाद ज़ोहर, बाल-शेम-तोव व उसके आध्यात्मिक उत्तराधिकारियों

तक उपलब्ध अलकेमी की सर्वश्रेष्ठ कृति का भी मूल मंत्र मध्यम मार्ग ही है। यह भागवत गीता के उद्योग करो, संघर्ष करो, फल की इच्छा मत करो से अलग है। वरन् एक जगह लाओत्से ने कहा है कि 'सफलता की माँग नैसर्गिक है'। किसी और उपाय के अभाव में यथोचित युद्ध अभियान को लाओत्से अनुचित नहीं ठहराता :

राष्ट्र का शासन न्याय से हो
युद्ध का प्रतिदान अप्रत्याशित चालों से हो।

जहाँ जितने अधिक नियम-निषेध होंगे
जन उतने ही अधिक दरिद्र होंगे
लोगों के हथियार जितने ही घातक होंगे
क्षेत्र में उतनी अधिक अराजकता होगी
जहाँ कुशलता और चातुर्य का आधिक्य होगा
वहाँ उतनी अधिक अप्रत्याशित घटनाएँ घटेंगी
जितने अधिक नियम-कानून होंगे
उतने ही अधिक चोर-लुटेरे होंगे।

लोग अभावग्रस्त क्यों हैं?
क्योंकि शासक करों के रूप में
धन खा जाता है
इसलिए लोग भूखे मर रहे हैं।

लोग विद्रोही क्यों हैं?
क्योंकि शासक अत्यधिक हस्तक्षेप करता है।

× × ×

संतई छोड़ो, ज्ञान त्याग दो
और लोग सतत् लाभान्वित होंगे।

दयालुता छोड़ो, नैतिकता त्याग दो और
मनुष्य पुनः पुत्रोचित निष्ठा और प्रेम अनुभव करेंगे।

पटुता छोड़ो, लाभ त्याग दो
चोर-लुटेरे स्वतः ही लुप्त हो जाएँगे।

× × ×

जो दृढ़ता से स्थापित है उसे विस्थापित नहीं
किया जा सकता
सुदृढ़ पकड़ से कुछ छुड़ाया नहीं जा सकता
यह कई पीढ़ियों तक सम्मानित होगा।

× × ×

स्वयं में सद्गुणों को रोपित करो
सतीत्व शाश्वत होगा
इसे परिवार में रोपित करो
शुचिता विपुल होगी
इसे गाँव में रोपित करो
नैतिकता उपजेगी
राष्ट्र में रोपित करो
सदाचार असीम होगा
इसे विश्व में रोपित करो
सर्वत्र उत्कर्ष आनंद होगा
इसलिए काया का काया के रूप में दर्शन हो
परिवार का परिवार के रूप में दर्शन हो
गाँव का गाँव के रूप में दर्शन हो
राष्ट्र का राष्ट्र के रूप में दर्शन हो
विश्व का विश्व के रूप में दर्शन हो।

विश्व को जानने का साधन क्या है?
दर्शन !

विश्वभर में प्रचलित लोककथाएँ, कहावतें मनुष्य को सचेत करने का प्रयास करती रही हैं। पांडित्य प्राप्त चार मित्र जो मार्ग में सिंह के पिंजर को देख उसे पुनः जीवित करने के लिए अपनी विद्या का उपयोग करने से संबंधित कथा जातक कथाओं में से एक है जो पांडित्य से वृहत्तर बोध के महत्त्व को स्पष्ट करती है। उसी तरह पश्चिमी तागलवुद मिडास कथा 'मात्र

स्वर्ण ही मूल्यवान नहीं' व्यक्त करती है कि दैनिक दैहिक आवश्यकताओं से अन्यथा भौतिक संचय से अभौतिक (अहंकार) उपलब्ध होता है। अभौतिक माँगें व अभौतिक समाधान का दुश्चक्र ही सांसारिक माया है। शासक वर्ग सामान्य की टक्कर का अज्ञानी और मूर्ख हो सकता है। इसलिए मूर्खताएँ राष्ट्रों के स्तर पर भी सर्वत्र हैं। मूर्खतापूर्ण परिस्थितियों के मूर्खतापूर्ण समाधान मनुष्य का सनातन उद्योग है। यही उसे अनावश्यक व्यस्त रखता है। लाओत्से के अनुसार राजनीति संघर्ष व सामाजिक असंतोष को नजरअंदाज नहीं किया जा सकता। इसलिए ताओ संत सामाजिक व्यवस्था बनाए रखने के लिए सत्ता को नियंत्रित व संचालित करने के लिए दीक्षित हैं। वस्तुतः बुराई सत्ता-शक्ति में नहीं वरन् व्यक्ति में है जो सत्ता के मद में निरंकुश हो जाता है। इसलिए वास्तविक साधु के हाथों में सत्ता संसार के लिए वरदान है। अतः यह कहना अधिक नहीं होगा कि आध्यात्मिक से सांसारिक समस्याओं के सामाधान तक ताओ-ते के प्रयोग असफल नहीं हो सकते।

—वन्दना देवेन्द्र

अनुक्रम

1

माया का द्वार

वह ताओ जिसे परिभाषित किया जा सके
शाश्वत ताओ नहीं है
वह नाम जिसे अभिधारित किया जा सके
शाश्वत नाम नहीं है
स्वर्ग और संसार का प्रारब्ध अनाम है
दस सहस्र द्रव्यों की जन्मदात्री अभिधान है
सनातन मोह-मुक्त रहस्य बूझ सकते हैं
चिर अभिलाषी आविर्भाव के दर्शन करते हैं
वे एक ही स्रोत की दो धाराएँ
दो अलग नामों से ज्ञात हैं
विरल, अंधकार के रूप में प्रकट
यह अंधकार में निहित अंधकार
माया का द्वार है।

2
सुसंगत

स्वर्ग तले संसार में सुंदरता अभिराम है
क्योंकि असुंदरता है
गुण गुणों के रूप में सर्वत्र ज्ञात हैं
क्योंकि अवगुण हैं

अतः प्राप्ति और अप्राप्ति एक साथ आते हैं
दुरूह और सरल एक-दूसरे के पूरक हैं
क्या दूरी और निकटता परस्पर विपरीत हैं?
उच्चस्थ और निम्नस्थ एक-दूसरे पर निर्भर हैं
कंठ और ध्वनि परस्पर सुसंगत हैं
पुराभाग और पृष्ठभाग परस्पर अनुगामी हैं

अतः साधु शिक्षा अथवा वक्तव्य के अभाव में
  भ्रमण करता है
दस सहस्र द्रव्य निरंतर उपजते और नष्ट होते हैं
आधिपत्य के अभाव में साकार
श्रेय के अभाव में कर्मरत
कार्य संपन्नता के उपरान्त तत्काल विस्मृति हो
फिर भी यह सनातन है।

3

द्वंद्व

प्रतिभाशाली की स्तुति न करना
द्वंद्व से रक्षा करता है
संपत्ति का असंचयन चोरी से
रक्षा करता है
इच्छित पदार्थों की अवहेलना
हृदय को दुविधा से बचाती है

अतः ज्ञानी रीते हृदय और अतृप्त उदर से
संचलित होते हैं
वे महत्त्वाकांक्षा को क्षीण कर अस्थियों को
सुदृढ़ करते हैं
यदि पुरुष अज्ञानी और मित अभिलाषी है
तो प्रबुद्ध हस्तक्षेप नहीं करते
यदि कार्य न किया जाय तब
सब कुछ सहज रहेगा।

4

रिक्त पात्र

ताओ एक रिक्त पात्र है
जो नितव्यवहृत किंतु सदैव अपूरित
हे दस सहस्र द्रव्यों के अगाध स्रोत!
तीक्ष्णता कुंठित करो
ग्रंथि खोलो
दीप्ति को मध्यम करो
धूलि में अवशोषित हो
हे गहन रहस्यमय किंतु सनातन उपस्थित
हम नहीं जानते इसका उद्‌गम कहाँ है
वह देवताओं का पूर्वज है कदाचित्।

5
केंद्र

स्वर्ग और नरक समदर्शी हैं
वे दस सहस्र पदार्थों को तृणकुक्कुर के रूप
  में देखते हैं
ज्ञानी भी समदर्शी हैं
वे लोगों को तृणकुक्कुर के रूप में देखते हैं

स्वर्ग और नरक के मध्य का अंतराल भाथी की भाँति है
आकार परिवर्तित होता है किंतु विधान नहीं
यह जितना अधिक गतिमान होगा
उतना अधिक उत्पादन करेगा
अधिक शब्दों से वक्तव्य की महत्ता घटती है
अतः यथाशीघ्र केंद्र को गृहीत करो।

6

आद्यमातृत्व

उपत्यका की आत्मा अमर है
यह आद्यमातृत्व नारी है
उसका द्वार स्वर्ग और नरक का आधार है
यह एक आवरण है जो कठिनाई से गोचर है
इसका प्रयोग कभी असफल नहीं हो सकता।

7

पूर्णता

आकाश और पृथ्वी अनंत हैं
आकाश और पृथ्वी अनंत क्यों हैं?
क्योंकि वे अजन्मे हैं
अतः अमर हैं
साधु अंत में स्थित है
अतः वह अग्रणी है
वह मोह नहीं करता
इसीलिए सबके साथ है
स्वार्थरहित कर्म से
वह पूर्णता को प्राप्त करता है।

8

जल

सबसे बड़ी भलाई जल की भाँति है
जल दस सहस्र पदार्थों को जीवन देता है
और स्वयं कभी तृष्णा से व्याकुल नहीं होता
यह मनुष्य द्वारा त्याज्य स्थानों में प्रवाहित होता है

अतः यह ताओ की तरह है
वास में पृथ्वी के निकट हो
ध्यान में हृदय की गहनता में प्रशस्त
लोक व्यवहार में सज्जन और दयालु
वचन से सच्चे
शासन में न्यायपूर्ण
दिनचर्या में योग्य
कार्यवहन में समय और ऋतु के प्रति सजग

न कोई द्वंद्व, न आरोप।

9

निवृत्ति

कंठ तक पूरित होने से पूर्व ठहर जाना श्रेयस्कर है
खड्ग पर अति तीक्ष्ण धार का हश्र अतिशीघ्र
भोथरापन
स्वर्ण और बहुमूल्य रत्नों के अमात्र संचयन का रक्षण
असंभव
संपदा और सम्मान के अभ्यर्थन का अर्थ
अनर्थ के आगमन को निमंत्रण
कार्य पूर्ण होते ही निवृत्ति हो
यही स्वर्ग-आनंद का मार्ग है।

10

आद्यगुण

शरीर व आत्मा का एकाकार वरण भी
क्या वियोग से रक्षा कर सकता है ?
पूर्ण समर्पित और सुनम्य तुम
क्या नवजात शिशु हो सकते हो ?
आद्यदृष्टि को निर्मलता प्रदान करते
क्या तुम निष्कलंक रह सकते हो ?
स्वर्ग के पट खोलते-मूँदते तुम
क्या स्त्री की भूमिका का निर्वाह कर सकते हो ?
सर्वज्ञ और सकल उदार तुम
क्या कुछ, न करने के योग्य हो ?

जन्म देकर पोषण करना
आधिपत्य के अभाव में वहन करना
श्रेय के अभाव में कर्म करना
प्रभुत्व के अभाव में नेतृत्व करना
यह आद्यगुण हैं।

11

उपयोगिता

तीस तीलियाँ चक्र के केंद्र की भागीदार हैं
किंतु केंद्र का छिद्र ही इसे उपयोगी बनाता है
मिट्‌टी से घट को आकार मिलता है
यह आकार ही है जो इसे उपयोगी बनाता है
कक्ष में द्वार और झरोखों का निर्माण करो
यह रिक्तता है जो इसे उपयोगी बनाती है
अतः लाभ वस्तु के अस्तित्व से और
उपयोगिता रिक्तता से प्राप्त होती है।

12

किंचित्

पाँच रंग आँखों को अंधा कर देते हैं
पाँच ध्वनियाँ कानों को बहरा कर देती हैं
पाँच भोग स्वाद को मध्यम कर देते हैं
भागदौड़ व आखेट मस्तिष्क को उन्मादित कर देते हैं
बहुमूल्य द्रव्य पथभ्रष्ट कर देते हैं

अतः साधु दृष्टि से नहीं मन-तरंग से संचालित होता है
वह बहुत से पदार्थों का मोह त्याग
किंचित् का चुनाव करता है।

13

प्रेम

अपयश को स्वेच्छा से स्वीकार करो और
दुर्भाग्य को मानवीय परिस्थिति के रूप में
मान्यता दो

अकीर्ति को स्वेच्छा से स्वीकार करने का
क्या अर्थ है?
अमहत्त्वपूर्ण होना स्वीकार करो
जिसका संबंध लाभ-हानि से न हो
इसका अर्थ अपयश को स्वेच्छा से
स्वीकार करना है

दुर्भाग्य को मानवीय परिस्थिति के रूप में
मान्यता देने का क्या अर्थ है ?
यही, दुर्भाग्य का प्रारब्ध शरीर धारण करने के
साथ होता है
शरीर के अभाव में दुर्भाग्य कहाँ संभव है?
स्वयं को विनम्रता से समर्पित करो
तुम्हारा विश्वास समस्त पदार्थों के संरक्षक के
रूप में स्थापित होगा
अपने स्व की तरह संसार को प्रेम करो
तुम सकल द्रव्यों के संरक्षण के योग्य बन
जाओगे।

14

ताओ का सार

देखो, वह अदृश्य है, वह आकार से परे है
सुनो, वह अश्रव्य है, वह ध्वनि से परे है
छुओ, वह अस्पृश्य है, वह निराकार है
इन तीनों को परिभाषित नहीं किया जा सकता
अतः वे परस्पर एकात्म हैं

वह पृष्ठ भाग से चमकदार नहीं
और अधोभाग से अंधकारमय नहीं है
वर्णन से परे एक अटूट शृंखला में
वह अस्तित्वहीनता को लौटता है
वह निराकार का आकार है
वह आकल्प की कल्पना है
इसे अपरिभाषित और अकल्पनीय कहते हैं

इसके समक्ष खड़े रहो, कोई आदि नहीं है
इसका अनुगमन करो, कोई अन्त नहीं है
पुरातन ताओ में आस्था रखो
वर्तमान में विचरण करो
आदि प्रारब्ध का ज्ञान ताओ का सार है।

15

ज्ञान की गहनता

आदि गुरु दुर्बोध, गूढ़, पारंगत और प्रतिसंवेदी थे
उनके ज्ञान की गहनता अथाह थी
चूँकि यह अथाह थी
हम मात्र उनके आविर्भाव का वर्णन करने में
समर्थ हैं

शरद में नदी पार करते हुए व्यक्ति की तरह
सजग
विपदा में पड़े व्यक्ति की तरह चौकन्ना
अल्पकाल के लिए दर्शनार्थ आए अतिथि की
तरह विनम्र
पिघलते हिम की तरह धराशायी होने को
तत्पर
अनगढ़ खंड की तरह सरल
गुफाओं की तरह रिक्त
दलदल के कुंडों की तरह अपारदर्शी

दलदल के ठोस होने तक कौन प्रतीक्षा कर
सकता है?
कार्यवाही के क्षण तक कौन स्थिर रह सकता है ?
ताओ के प्रेक्षक पूर्णता के अन्वेषक नहीं
वे परिवर्तन की अभिलाषा से अविचलित और
कार्य के संपादन से विमुख हैं।

16

अनंत ताओ

स्वयं को सकल द्रव्यों से रिक्त करो
मस्तिष्क को थिर होने दो
दस सहस्र द्रव्य उपजते और नष्ट होते हैं
जबकि स्व उनके लौटने की राह देखता है

वे उपजते पुष्ट-पल्लवित होते हैं और पुनः
अपने स्रोत में विलीन हो जाते हैं
स्रोत को प्राप्त होना ही थिरता है
प्रकृति का मार्ग है
प्रकृति का मार्ग अविकारी है
स्थिरता का ज्ञान बोध है
स्थिरता का अज्ञान विपदा का पथ है
निरंतरता के ज्ञान से मस्तिष्क निष्कपटता
को प्राप्त होगा
निष्कपट मस्तिष्क से उदार हृदय प्राप्त होगा
उदार हृदय से तुम उत्कृष्ट कार्य करोगे
उत्कृष्टता से तुम दिव्यता को प्राप्त करोगे
दिव्यता तुम्हें ताओ से एकाकार करेगी
ताओ के साथ एकात्म्य से नित्यता की प्राप्ति होगी
शरीर नष्ट हो जाता है, ताओ अनंत है।

17

अन्यथा वक्तव्यों की अनुपस्थिति में

सर्वोत्कृष्ट कदाचित् अज्ञात है
तदुपरांत वह है
जिसे हम जानते और स्वीकारते हैं
तब वह जो भयभीत करता है
फिर वह जो तिरस्कृत है

जो श्रद्धा नहीं रखते
उन पर विश्वास नहीं किया जाएगा

जब कार्य वहन किया जाता है
अन्यथा वक्तव्यों की अनुपस्थिति में
हम कहते हैं यह संपन्न हुआ।

18

ताओ की विस्मृति में

महान ताओ की विस्मृति पर
मानवता और नैतिकता का सिद्धान्त उदित होता है
ज्ञान और प्रबुद्धता के साथ
वृहत्तर पाखंड का भी प्रारब्ध होता है

पारिवारिक अशांति से
पुत्रोचित निष्ठा और समर्पण का उदय होता है
जब देश दुविधा और अराजकता का घर हो
देशभक्त मंत्रियों का उदय होता है।

19

त्याग

संतई छोड़ो, ज्ञान त्याग दो
और लोग सतत लाभान्वित होंगे

दयालुता छोड़ो, नैतिकता त्याग दो और
मनुष्य पुनः पुत्रोचित निष्ठा और प्रेम अनुभव करेंगे

पटुता छोड़ो, लाभ त्याग दो
चोर-लुटेरे स्वतः ही लुप्त हो जाएँगे

ये तीनों बाहरी रूपरेखा मात्र हैं
अतः स्वयं में पर्याप्त नहीं हैं

सरल स्व का उद्घाटन
नैसर्गिकता का स्पष्ट अनुभव
स्वार्थपरता का त्याग और
वासनाओं को क्षीण करना
अधिक महत्त्वपूर्ण है।

20

कष्टों का अन्त

पांडित्य का मोह त्याग कष्टों का अंत करो

स्वीकृति और अस्वीकृति में अंतर क्या है ?
शुभ और अशुभ में भेद क्या है ?
सकल संसार जिससे आतंकित है
कदाचित् मुझे भी उससे भयभीत होना चाहिए ?
यह मूर्खता है।

लोग संतुष्ट और बैल के बलिभोज में आनंदित हैं
कुछ लोग बसंत में वाटिकाओं में जाते हैं
अथवा छत पर चढ़ते हैं
अपनी स्थिति से अभिज्ञ मैं लक्ष्यहीन हूँ
नवजात शिशु की तरह स्मित सीखने से
पूर्व किसी घर के अभाव में एकाकी हूँ
दूसरों के पास उनकी आवश्यकता से अधिक है
किंतु मेरे पास कुछ नहीं
मैं मूर्ख दुविधामय हूँ जबकि
दूसरे स्पष्ट और तेजोमय हैं
मैं एकाकी हतप्रभ अशक्त हूँ
जबकि दूसरे तीक्ष्ण और चतुर हैं
मात्र एक मैं ही मंद और भ्रांत हूँ
मैं समुद्र की लहरों की भाँति लक्ष्यहीन और
दिग्भ्रमित पवन की तरह अशांत हूँ

अन्य सभी व्यस्त हैं
अकेला मैं निरुद्देश्य और निराश हूँ
फिर भी मैं अनन्य हूँ
मैं महामातृत्व से सिंचित हूँ।

21

सृजनात्मकता

परम आचार के सूत्र केवल ताओ से उद्भूत हैं
जबकि ताओ दुग्राह्य व अमूर्त है
हाँ ! वह दुग्राह्य और अमूर्त है
फिर भी उसमें रूप निहित है
हाँ ! वह दुग्राह्य और अमूर्त है
फिर भी उसमें आकार निहित है
हाँ ! वह आभाविहीन और अंधकारमय है
फिर भी सारगर्भित है
यह सत्त्व वास्तविक और श्रद्धामय है
अनादि से वर्तमान तक इसका विधान अविस्मृत है

अतः मैं सृजनात्मकता का अनुभव करता हूँ
मैं सृजनात्मकता की युक्तियाँ कैसे बूझ सकता हूँ?
यह उसी के सहयोग से संभव है।

22

अनन्य

सुनम्य हो और सुरक्षा को प्राप्त करो
वक्र हो और सरलता को प्राप्त करो
रिक्त हो और परिपूर्णता को प्राप्त करो
जीर्ण हो और नूतनता को प्राप्त करो
दरिद्र हो और असीम को प्राप्त करो
संपन्न हो और विभ्रम को प्राप्त हो
अतः ज्ञानी अनन्य को उपलब्ध हो
संसार के समक्ष आदर्श स्थापित करते हैं
प्रगटन के अभाव में भी उनकी दीप्ति प्रखर है
स्व-अस्तित्व सिद्ध करने के अभाव में भी
वे विशिष्ट हैं
बड़बोलेपन के अभाव में भी वे अभिज्ञात हैं
आत्मश्लाघा के अभाव में
वे कभी लज्जित नहीं होते
वे किसी में दोष नहीं निकालते
सो उन्हें कोई कलह प्राप्त नहीं होती
अतः पुराण कहते हैं कि समर्पण में विजय है
क्या वह मिथ्या कथन है ?
शाश्वत पूर्णता वरो
सकल पदार्थ तुम्हें उपलब्ध होंगे।

23

निसर्ग

निसर्ग मितभाषी है
सशक्त बयार सकल भोर भर नहीं बहती
घनघोर मेघ दिवस भर नहीं बरसते
अतः स्वर्ग और पृथ्वी के अस्तित्व को क्या कहें?
यदि स्वर्ग और पृथ्वी भी द्रव्यों को
दीर्घजीवन उपलब्ध नहीं करा सकते
फिर मनुष्य किस योग्य है ?

जो ताओ का अनुगामी है
वही ताओ से एकात्म है
जो गुणी है
वही गुणों का अनुभव करता है
जो पथभ्रष्ट हो जाता है
वह नष्ट हो जाता है

जब तुम ताओ से एकात्म होगे
ताओ तुम्हारा स्वागत करता है
जब तुम सद्‌गुणों से एकाकार होगे तब
सद्‌गुण सदैव तुम में वास करेंगे
जब तुम नश्वरता के साथ होगे
स्वेच्छा से हानि के अनुभव करोगे

जो समुचित आस्था नहीं रखता
विश्वास को प्राप्त नहीं होगा।

24
सुख के शत्रु

जो चरणों के शीर्ष पर खड़ा है, दृढ़ नहीं है
द्रुतगामी वेग को कायम नहीं रख सकता
जो प्रदर्शन करता है प्रबुद्ध नहीं है
स्वावलंबी सम्मान को प्राप्त नहीं होता
आत्मश्लाघी को श्रेय नहीं मिलता
बड़बोलों में धैर्य नहीं होता

ताओ के अनुगामियों के लिए
अन्यथा भोजन और अनपेक्ष्य भार
सुख के शत्रु हैं
अतः ताओ के अनुपालकों के लिए
परिहार्य हैं।

25
ताओ महान

कुछ मायावी घटा
खगोल की शून्यता में
पृथ्वी और स्वर्ग के जनमने से पूर्व
वह बना रहा एकाकी अपरिवर्तित
सदैव साक्षात् और गतिमान
दस सहस्र तत्वों की जन्मदात्री है वह कदाचित्
उसका नाम अज्ञात है
समुचित शब्द के अभाव नें
उसे ताओ पुकारें
उसे महान कह सकते हैं

महानता को उपलब्ध वह प्रवाहित होता है
बहता है दूर तक
दूर तक जाकर वह लौटता है

अतः ताओ महान है
स्वर्ग महान है
पृथ्वी महान है
शासक भी महान है
ये विश्व की चार महान शक्तियाँ हैं
और शासक उनमें से एक है

मनुष्य पृथ्वी का अनुगमन करते हैं
पृथ्वी स्वर्ग का
स्वर्ग ताओ का अनुसरण करता है
ताओ प्रकृति का।

26
चंचलता

प्रकाश का स्रोत अचल है
चंचलता का स्वामी निश्चेष्ट है

अतः साधु दिवस भर यात्रा करते हुए भी
अपने कमंडल-लकुटिया की अनदेखी नहीं करता
सुंदर दृश्यों-आकर्षणों के बीच भी
(जीवन ऊर्जा के मूल स्रोत से जुड़ा रहता है)
वह अविचलित और मोहमुक्त रहता है, तब
फिर दस सहस्र रथों के स्वामी को सार्वजनिक
ओछा व्यवहार क्यों करना चाहिए ?
चंचलता आधारच्युत होना है
अधीर होना स्वयं पर नियंत्रण खोना है।

27

रहस्य

कुशल धावक पदचिह्न नहीं छोड़ता
कुशल वक्ता की जीभ नहीं फिसलती
एक कुशल गणक को गणित्र की आवश्यकता नहीं होती
एक सुगढ़ द्वारपट के लिए ताले अनावश्यक हैं
फिर भी उसे कोई खोल नहीं सकता
एक कुशल बंध गाँठों के अभाव में संभव है
फिर भी उसे कोई ढीला नहीं कर सकता

अतः साधु पूरी मानवता की चिंता करता है
और किसी का परित्याग नहीं करता
वह सब पदार्थों का संरक्षण करता है
और किसी का परित्याग नहीं करता

इसे बोध का अनुगमन कहते हैं

एक सज्जन क्या है?
दुर्जन का शिक्षक
दुर्जन क्या है?
सज्जन का उत्तरदायित्व
यदि गुरु को सम्मान प्राप्त न हो
शिष्यों की चिंता नहीं की जाए
कोई कितना ही विद्वान क्यों न हो
भ्रांति उपजेगी ही
यही रहस्य की गूढ़ता है।

28

सूक्ष्म खंडन

पुरुष के बल का मान करो
किंतु स्त्री के अवधान का संरक्षण करो
विश्व का प्रवाह बनो
संसार के प्रवाह के रूप में
एक बार पुनः बालक की तरह
सदैव सच्चे और अविपथी

श्वेत का ज्ञान हो
किंतु श्याम के लिए भी
स्थान हो
संसार के लिए आदर्श बनो
विश्व के आदर्श रूप में
सदैव सच्चे व दृढ़निश्चयी
अमरत्व को प्राप्त हो

गौरव ज्ञात हो
फिर भी विनय का ध्यान रहे
विश्व की उपत्यका बनो
संसार की उपत्यका के रूप में
सदैव सच्चे और विदग्ध
अनगढ़ खंड की स्थिति को प्राप्त हो

जब किसी अनगढ़ खंड को उत्कीर्ण किया जाता है
तभी वह उपयोगी बनता है
जब संत यह प्रयोग करते हैं तो वे राजयश
को प्राप्त होते हैं
अतः योग्य मूर्तिकार सूक्ष्म खंडन करता है।

29

परिवर्तन के आकांक्षी

तुम समझते हो...
संसार का उत्तरदायित्व उठा सकते हो?
इसे उन्नत कर सकते हो तुम?
ऐसे इष्ट की प्राप्ति में मुझे शंका है

संसार पवित्र है
तुम इसे नहीं सुधार सकते
यदि परिवर्तन के आकांक्षी हो ही
तब तुम इसे नष्ट कर दोगे
यदि नियंत्रण के इच्छुक हो
तब तुम इसे गँवा दोगे

अतः कुछ पदार्थ अग्रणी और अन्य कुछ
पीछे छूट जाते हैं
कभी श्वसन सरल कभी कठिन प्रतीत होता है
कभी सशक्त और कभी अशक्त हो
कभी कोई उन्नत कभी अवनत

अतः साधु अति से परे,
असंयम-अहंकार से दूर रहता है।

30

ताओ के विपरीत

जब शासक को ताओ के अनुकूल परामर्श
दिया जाएगा
तब यह सशस्त्र बल से विश्व विजय की मंत्रणा
कदापि नहीं होगी
युद्ध से सिर्फ प्रतिरोध जैसे दुष्परिणाम उपस्थित
होते हैं
जिस क्षेत्र से सेनाएँ जाती हैं काँटेदार झाड़ियाँ
उठ खड़ी होती हैं
युद्धोपरान्त के वर्ष दुर्भिक्ष का सामना करते हैं
अतः प्रयोजन के लिए यथोचित आवश्यक
अभियान होना चाहिए
शक्ति-सामर्थ्य का लाभ कदापि न उठाया जाय

परिणाम प्राप्त हों किंतु उनमें किंचित् गर्व का
अभाव रहे
फल उपलब्ध हो आत्मश्लाघा कदापि न हो
सफलता हो, अहंकार न हो
सफलता मिले क्योंकि यह प्रकृति का मार्ग है किंतु साधन हिंसा न हो

शक्ति संचय के बाद शक्ति क्षय प्राकृतिक है
यह ताओ का मार्ग नहीं
अतः जो कुछ ताओ के विपरीत है
शीघ्र नष्ट हो जाता है।

31
युद्धनीति

अच्छे हथियार भय के औजार हैं और
प्राणिजगत के बैरी हैं
अतः ताओ के अनुगामी उनका प्रयोग नहीं करते
प्रबुद्ध अहिंसक वामपक्ष अर्थात् शुभ को अधिमान देता है
किंतु युद्ध का समर्थक दक्षिणपक्ष का अर्थात् अशुभ का पक्षधर है

सक्षम आयुध अनिष्ट के जनक हैं
वे ज्ञानी के साधन नहीं हैं
उनका प्रयोग वह अन्य किसी उपाय के
अभाव में ही करता है
शांति और आडंबरहीनता उसके हृदय के प्रिय हैं
विजय उनके आनंद का विषय नहीं है
यदि तुम रक्तपात में रस लेते हो
तभी विजय तुम्हारे आमोद-प्रमोद का साधन बन
सकती है
अतः जिन्हें हिंसा में सुख मिलता है
वे पूर्णता अर्थात् परितोष को प्राप्त नहीं होते

सुख-शांति के समय में वामपक्ष अर्थात् शुभ की
प्रभुता रहती है
अशांति-दुख के समय दक्षिणपक्ष शासन करता है
सैन्य व्यवस्था में और सेनाधिपति वामपक्ष में
मुख्य सेनानायक दक्षिणपक्ष का अनुगमन करता है

इसका अर्थ है कि युद्ध का संचालन
मृत्यु संस्कार की तरह है
जब बहुत से लोग मारे जाते हैं
उनका शोक हार्दिक होना चाहिए
इसीलिए विजय को मृत्यु संस्कार के
अनुष्ठान के रूप में देखा जाना चाहिए।

32
ताओ एक नदी

ताओ सदैव अपरिभाषित है
यह सूक्ष्म निराकार स्थिति में है
इसे छुआ नहीं जा सकता है
यदि शासक और स्वामी इसका सदुपयोग कर सकें
तो दस सहस्र पदार्थों पर उसका स्वामित्व स्थापित हो जाएगा
स्वर्ग और पृथ्वी समीप आते हैं
तो सुखद फुहार गिरने लगती है
मनुष्य को अन्य अधिक निर्देशों
की आवश्यकता नहीं है शायद
पदार्थ अपना नियति निर्वाह स्वयं करेंगे

संपूर्ण के विभाजन के उपरांत ही
विभक्त भूतों के नामकरण की आवश्यकता पड़ती है
अतः असंख्य नाम उपलब्ध हैं
हममें समयानुसार नियंत्रण की क्षमता होनी चाहिए
समयानुसार नियंत्रण की क्षमता विपदाओं से रक्षा करती है
संसार में ताओ एक नदी के समान है
जो स्रोत से बहकर सागर में समाती है।

33

मृत्युंजय

लोगों का सही परिचय ही विद्वत्ता है
स्वयं को जानना बोध है
दूसरों पर प्रभुता स्थापित करना पार्थिव शक्ति है
स्वयं पर अधिकार पाना मनोबल है

जो उपलब्ध से संतुष्ट है वही धनी है
दृढ़ता मनोबल का द्योतक है
दुखों के बीच भी
जो विचलित नहीं होता
मृत्यूपरांत भी जिसका अस्तित्व है
वह अमर है।

34
प्रयोजन

सनातन ताओ सर्वत्र प्रवाहित है
बायें-दायें सभी दिशाओं में
दस सहस्र पदार्थ उस पर निर्भर हैं
वह उन्हें नियंत्रित नहीं करता
वह ख़ामोशी से अपने प्रयोजन में सफल होता है और कोई
दावेदारी नहीं करता

वह दस सहस्र पदार्थों का पोषण करता है
किंतु उनका स्वामी नहीं है
वह निरुद्देश्य और सूक्ष्म है

वही दस सहस्र पदार्थ उसमें पुनः लौटते हैं
जबकि वह उनका स्वामी नहीं है
वह विरल है

वह अपनी महत्ता मुखरित नहीं करता
इसीलिए महान है।

35
दर्शन

सभी पुरुष उसके प्रति आकर्षित होंगे
वे उस अनन्य के हेतु हैं और
वे वहाँ विश्राम सुख-शांति को उपलब्ध हैं

यात्री संगीत और सुरुचिपूर्ण भोजन के लिए
आश्रय ले सकते हैं
किंतु ताओ का बोध सार और गंधविहीन है
उसके दर्शन दुर्लभ हैं
उसे सुना नहीं जा सकता
फिर भी उसकी आपूर्ति असीम है।

36
सूक्ष्मदर्शन

किसी भी पदार्थ के संकुचन से पहले
उसका विस्तरण निश्चित है
क्षीणता से पूर्व सबलता निश्चित है
किसी को धराशायी करने से पूर्व
उसका शिखरस्थ होना अवश्यंभावी है
प्राप्ति से पहले दान सुनिश्चित है

यही दृश्यों की प्रकृति का बोध अथवा सूक्ष्मदर्शन है
यों विनम्र-अशक्त कठोर-सबल पर विजय प्राप्त करते हैं

जैसे मछली कभी गहन जल नहीं त्याग सकती,
ठीक वैसे ही राष्ट्र के आयुधों का
प्रदर्शन नहीं होना चाहिए।

37

विश्रांति

यद्यपि ताओ अकर्मण्यता के प्रति निष्ठावान है
फिर भी कुछ अनकहा नहीं छूटता
यदि शासकों और स्वामियों ने
इस ओर ध्यान दिया हो कि
दस सहस्र द्रव्य प्रकृतिक रूप से स्वयं विकसित होते हैं
फिर भी वे कर्म की वासना से पूर्ण हैं तब
वे अनगढ़ द्रव्य की सरलता को लौट जाएँगे
आकार के अभाव में कोई वासना संभव नहीं है
वासना के अभाव में अकर्मण्यता होगी
इस गति से अंततः सभी द्रव्य
विश्रांत हो जाएँगे।

38

वास्तविक व्यक्ति

वास्तविक सरल व्यक्ति अपनी सरलता से
अनभिज्ञ होता है,
वह इसीलिए सरल है
मूर्ख सरल होने का प्रयास करता है,
इसीलिए वह चरित्र से वंचित है
एक वास्तविक श्रेष्ठ व्यक्ति कोई प्रयास नहीं करता
फिर भी सब कुछ करता है
मूर्ख सदैव कुछ न कुछ करता रहता है
तब भी बहुत कुछ करने को रह जाता है
जब वास्तविक दयालु व्यक्ति कुछ करता है
वह कुछ भी अनकरा नहीं छोड़ता, अर्थात्
यथाआवश्यक करता है
जब एक न्यायप्रिय कुछ करता है
तब करने के लिए बहुत कुछ छूट जाता है
जब अनुशासक कुछ करता है
उस पर कोई ध्यान नहीं देता
वह अपनी शक्ति के दबाव से लोगों को
अपनी आज्ञा का पालन करने के लिए बाध्य करता है

ताओ के लोप से दिव्यता अवतरित होती है
दिव्यता के लोप से दयालुता जनमती है
दयालुता के लोप से न्याय
न्याय के लोप से कर्मकांड

कर्मकांड निष्ठा और विश्वास की भस्म है
दुविधा का प्रारब्ध है
भविष्य का ज्ञान ताओ का पुष्पीय इंद्रजाल है
यह मूर्खता का प्रारब्ध है

अतः वास्तविक महान पुरुष
स्थावर पर निर्वाह करता है
सतही आविर्भाव पर नहीं
वह फलों में विश्वास करता है
फूलों में नहीं
अतः वह एक को स्वीकार करता है
अन्य को त्याग देता है।

39

विनम्रता

आदि द्रव्य आदि स्रोत से उपजते हैं
अंतरिक्ष पूर्ण और उज्ज्वल है
पृथ्वी पूर्ण और कठोर है
आत्मा पूर्ण और सशक्त है
उपत्यका समस्त और पूर्ण है
दस सहस्र पदार्थ पूर्ण और सप्राण हैं
शासक और स्वामी पूर्ण हैं और राष्ट्र उन्नतोन्मुख है
ये सब पूर्णता के गुणों में निहित हैं

आकाश की स्वच्छता उसका पतन रोकती है
पृथ्वी की कठोरता उसकी बिखरने से रक्षा करती है
जीवात्मिक शक्ति जीर्णता से रक्षा करती है
और सदैव नूतनता प्रदान करती है
उपत्यका की पूर्णता उसे सूखाग्रस्त होने से बचाती है
दस सहस्र पदार्थों का विकास उसे अनंतता प्रदान करता है
राजाओं और स्वामियों का नेतृत्व राष्ट्र की पतन से रक्षा करता है

अभिजात वर्ग जनसाधारण पर निर्भर है
अतः उच्चस्थता निम्नस्थता पर आधारित है
राजपुरुष स्वामी स्वयं को 'अनाथ, अकेला और
अयोग्य' समझते हैं
क्या वे विनम्रता पर निर्भर हैं?

अत्यंत सफलता उपयोगी नहीं है
मणि-माणिक्य की भाँति अथवा कंकड़ों जैसे न बजें।

40

अस्तित्व

पुनरावृत्ति ताओ का कर्मयोग है
समर्पण ताओ का मार्ग
दस सहस्र पदार्थ एक तत्त्व स्रोत से जनमते हैं
तत्त्व स्रोत शून्य से अवतरित है।

41

अनाम रहस्य

प्रबुद्ध छात्र ताओ के विषय में सुनता है और
परिश्रम से उसका अभ्यास करता है
साधारण छात्र ताओ के विषय में सुनता है और
उस पर विचार करता है
मूर्ख छात्र ताओ के विषय में सुनता है और
वह अट्टहास करता है
मानो इस पर हँसा न जाय तो यह ताओ नहीं

अतः कहा गया है :
उज्ज्वल मार्ग हत्प्रभ जान पड़ता है;
उन्नतोन्मुखी अवनतोन्मुख प्रतीत होता है;
सरल मार्ग कठिन लगता है;
शीर्षस्थ गुण रिक्त प्रतीत होते हैं;
परम पवित्रता निरानंद लगती है;
गुणों की संपत्ति अपर्याप्त प्रतीत होती है;
सद्गुणों की शक्ति अशक्त लगती है;
शाश्वत गुण असत्य प्रतीत होते हैं;
पूर्ण चतुर्भुजाकार में प्रकोष्ठ नहीं होते;
विलक्षण प्रतिभाएँ प्रौढ़ होने में समय लेती हैं;
ऊँची ध्वनियाँ कठिनाई से सुनाई देती हैं;
महान रूप की रूपाकृति नहीं होती
ताओ एक अनाम रहस्य है
ताओ ही प्रत्येक पदार्थ का पोषण करता है
और उन्हें पूर्णता तक पहुँचाता है।

42
अभिव्यक्ति

ताओ से किसी एक का जन्म हुआ
उस एकत्व से दो का
दो से तीन प्रजात हुए
तीन से दस सहस्र द्रव्यों का उदय हुआ

दस सहस्र द्रव्य यिन का वहन और
येन का आलिंगन करते हैं

मनुष्य अनाथ, एकाकी होने और अयोग्यता से
सर्वाधिक घृणा करता है
किंतु यही सम्राटों और स्वामियों की
अभिव्यक्ति का साधन है

क्योंकि अभाव से उपलब्धि उपजती है और
उपलब्धि से अभाव

मैं भी प्रचलित सूत्रों को ही प्रतिपादित करूँगा :
'हिंसक मनुष्य हिंसक मृत्यु को प्राप्त होगा'!
यही मेरी शिक्षा का सार होगा।

43

अकर्मण्यता

संसार का कोमलतम तत्त्व
कठोरतम पर विजय प्राप्त करता है
निस्सार स्थान के अभाव में भी प्रवेश कर सकता है
अतः मुझे अकर्मण्यता का मूल्य ज्ञात है

शब्दों के अभाव में शिक्षा और
वहन के अभाव में कार्य की
उपयोगिता का ज्ञान दुर्लभ है।

44

निजता

यश अथवा निजता क्या अधिक महत्त्वपूर्ण है?
निजता अथवा संवृद्धि किसका मूल्य अधिक है?
उपलब्धि अथवा अभाव क्या अधिक दुखद है?

जो जितना अधिक लिप्त होगा
उतना अधिक कष्ट पाएगा
जो जितना अधिक संचय करेगा
उतनी अधिक हानि को प्राप्त होगा
संतुष्ट कदापि हतोत्साहित नहीं होता
जिसका स्वयं पर नियंत्रण है
संकट से नहीं घिरता
वह सदैव सुरक्षित रहता है।

45
अति

श्रेष्ठतम उपलब्धि अपूर्ण प्रतीत होती है
किंतु इसकी उपयोगिता सनातन है
अगाध प्रचुरता रिक्त प्रतीत होती है
किंतु असीम है

अधिक सरलता वक्रता प्रतीत होती है
अति बुद्धिमत्ता मूर्खता प्रतीत होती है
अति वाग्मिता बेढंगी प्रतीत होती है

सक्रियता उदासीनता को परास्त करती है
तटस्थता आवेग को परास्त करती है
स्थिरता और शांति संसार में द्रव्यों को
व्यवस्था उपलब्ध कराती है।

46

ताओ की प्रभुता में

संसार में जब तक ताओ की प्रभुता स्थापित है,
घोड़े उर्वरा लीद का परिवहन करते हैं
ताओ की अनुपस्थिति में युद्धरत अश्वारोही,
उन्हें नगर से दूर चराते हैं

अभिलाषा से बड़ा पाप नहीं,
असंतुष्टि से बड़ा अभिशाप नहीं,
स्वामित्व की इच्छा से बड़ा दुर्भाग्य नहीं
जिसे ज्ञात है कि किंचित् ही पर्याप्त है
कभी अभावग्रस्त नहीं होगा।

47

ज्ञान

यात्रा के अभाव में भी तुम सकल विश्व
का ज्ञान प्राप्त कर सकते हो
(मनुष्य स्वयं में सूक्ष्म ब्रह्मांड है
अतः अंतर-दर्शन से वह संसार के विधान जान
सकता है)

किसी झरोखे के अभाव में भी तुम
स्वर्गमार्गों का दर्शन कर सकते हो
अग्रिम यात्रा-प्रयास अल्पज्ञता को उपलब्ध
होते हैं

अतः साधु यात्राओं के अभाव में
ज्ञान प्राप्त करता है
वह दर्शन के अभाव में देखता है
वह वहन के अभाव में कार्यरत है।

48

विधान

ज्ञान के अनुधावन में
प्रत्येक दिवस कुछ प्राप्त होता है
ताओ के अनुधावन में प्रतिदिन कुछ छूट
जाता है

अल्प से अल्पतम वहन करो
जब तक पूर्ण निष्क्रियता प्राप्त न हो
जब कुछ वहन नहीं किया जाएगा
कुछ नहीं छूटेगा
जब कुछ नहीं किया जाता
किंचित् अक्रिय नहीं रहता

संसार तत्वों के शाश्वत विधान से
संचालित है
इसे व्यतिकरण से शासित नहीं
किया जा सकता।

49

निज मन

साधु का कोई निज मन नहीं होता
उसे दूसरों की आवश्यकताओं का आभास होता है

मैं अच्छों के लिए अच्छा हूँ
मैं बुरों के लिए भी अच्छा हूँ
क्योंकि अच्छाई गुण है
मैं उनमें विश्वास करता हूँ जो विश्वासपात्र हैं
मैं उनमें भी विश्वास करता हूँ
जो विश्वासपात्र नहीं हैं
क्योंकि श्रद्धा-विश्वास गुण है

साधु संसार के प्रति सुनम्य और संवेदनशील होता है
फिर भी वह भ्रामक प्रतीत होता है
लोग उनके दर्शन करते और उपदेश सुनते हैं
जबकि उसका व्यवहार छोटे बालक के
समान होता है।

50

जीने की कला

जन्म और मृत्यु के मध्य
दस में तीन जीवन के अनुगामी हैं
दस में तीन मृत्यु के अनुगामी हैं
मनुष्य के जन्म से मृत्यु में प्रवेश करने का
गणक भी दस में तीन है
ऐसा क्यों है?
क्योंकि लोग जीवन औसत स्तर तक ही जीते हैं

वह जो जीने की कला जानता है
चीतों और गैंडों के भय से स्वतंत्र विचरता है
उसके अस्तित्व में गैंडों द्वारा सींगों से छेदने
चीतों द्वारा पंजों से आक्रमण करने और
आयुधों द्वारा हताहत होने का कोई स्थान नहीं है
ऐसा क्यों है?
क्योंकि वहाँ मृत्यु के प्रवेश के लिए
कोई स्थान नहीं है।

51

आदि गुण

सकल द्रव्य ताओ से उपजते हैं
गुणों से उनका पोषण होता है
वे तत्त्व से बनते हैं
वातावरण से उन्हें आकार मिलता है
अतः दस सहस्र द्रव्य ताओ का सम्मान
और उसके गुणों का आदर करते हैं
ताओ का सम्मान एवं गुणों का आदर
अपेक्षित नहीं है फिर भी यह द्रव्यों की प्रकृति में है

अतः सकल पदार्थ ताओ से उपजते हैं
गुणों से उनका पोषण होता है
विकसित, संरक्षित, आश्रित, सुशांत
बढ़ते और सुरक्षित होते हैं
वह अधिकार के अभाव में सृजन करता है
श्रेय के अभाव में कार्यरत है
हस्तक्षेप के अभाव में मार्गदर्शन करता है
यह आदि गुण हैं।

52

तप

विश्व का आदि
सकल पदार्थों की जन्मदात्री है
जन्मदात्री का ज्ञाता पुत्रों को भी बूझता है
पुत्रों को जानना और जन्मदात्री से संपर्क-सूत्र
मृत्यु के भय से मुक्ति दिलाता है

अपने मुँह को बन्द रखो
अपनी इंद्रियों को नियंत्रित करो
और जीवन सदैव पूर्ण है
अपना मुँह खोलो, सदैव व्यस्त रहो
और जीवन आशा से परे होगा

सूक्ष्म का दर्शन अंतर्दृष्टि है
शक्ति के प्रति समर्पण शक्ति की प्राप्ति है
बाहरी प्रकाश का सदुपयोग आंतरिक बोध के हेतु
तुम्हें संकट से सुरक्षित करता है
यह अबाधित तप है।

53

जीवन पथ

यदि मुझे किंचित् बोध होता,
तो मैं मुख्य पथ चुनता और
उससे डिग जाने का एकमात्र भय रहता
मुख्य पथ पर यात्रा सरल है,
किंतु लोग अभिपथ का चुनाव करते हैं

जब दरबार वैभव से विन्यस्त, खलिहान रिक्त और
खेत जुताई के अभाव में खरपतवार से भरे हों
कुछ लोग वैभवशाली परिधानों में सुसज्जित
हाथ में धारदार तलवार उठाए
भोजन और सुरा में अघाए हों
उनके अधिकार में उनकी आवश्यकता से
अधिक धन संपत्ति हो
ये सब लुटेरे सामंत हैं
निश्चित रूप से यह ताओ का मार्ग
नहीं हो सकता।

54

दर्शन

जो दृढ़ता से स्थापित है उसे विस्थापित नहीं
किया जा सकता
सुदृढ़ पकड़ से कुछ छुड़ाया नहीं जा सकता
यह कई पीढ़ियों तक सम्मानित होगा

स्वयं में सद्गुणों को रोपित करो
सतीत्व शाश्वत होगा
इसे परिवार में रोपित करो
शुचिता विपुल होगी
इसे गाँव में रोपित करो
नैतिकता उपजेगी
राष्ट्र में रोपित करो
सदाचार असीम होगा
इसे विश्व में रोपित करो
सर्वत्र उत्कर्ष होगा

अतः काया का काया के रूप में दर्शन हो;
परिवार का परिवार के रूप में दर्शन हो;
गाँव का गाँव के रूप में दर्शन हो;
राष्ट्र का राष्ट्र के रूप में दर्शन हो;
विश्व का विश्व के रूप में दर्शन हो।

विश्व को जानने का साधन क्या है?
दर्शन!

55

ज्ञानोदय

जो शुचिता से भरपूर है
वह नवजात शिशु जैसा है
भिड़ एवं नाग उसे दंश नहीं देते;
बनैले उस पर घात नहीं लगाते;
शिकारी पक्षी उस पर आक्रमण नहीं करते
उसकी अस्थियाँ कोमल और मांस नरम है
फिर भी उसकी पकड़ दृढ़ है

वह नर-नारी के सहवास से अनभिज्ञ
फिर भी वह पूर्ण है
उसका पौरुष सशक्त है
दिवस भर कंठ से ध्वनि करने पर भी उसके
सुर विकृत नहीं होते

यह पूर्ण लयबद्धता है
शाश्वत-तथात का ज्ञान स्थैर्य है
यह एकनिष्ठा का बोध मुक्ति है

मनोवेगों की साधना मूर्खता है
श्वासों के नियंत्रण से तनाव उपजता है
ऊर्जा का अतिशय उपभोग अशक्त बनाता है
यह ताओ का मार्ग नहीं है
अतः जो कुछ ताओ के विपरीत है
वह नश्वर है।

56

आदि संधि

ज्ञाता मितभाषी होता है
वाग्मिता अज्ञान की द्योतक है

अपने मुख को बंद रखो
इंद्रियों को नियंत्रित करो
तीक्ष्णता को कुंठित करो
समस्याओं को सरल करो
दीप्ति को आवरणित करो
धरा की धूलि से एकात्म हो
यह आदि संधि है

इस स्थिति को उपलब्ध व्यक्ति
मित्र-अमित्र से उदासीन
लाभ-हानि से परे
मान-अपमान से निश्चिंत
सर्वोत्कृष्ट मानव रूप है।

57

न्याय

राष्ट्र का शासन न्याय से हो
युद्ध का प्रतिदान अप्रत्याशित चालों से हो
किसी प्रतिस्पर्धा के अभाव में चक्रवर्ती बनो
इसकी गति का ज्ञान मुझे कैसे प्राप्त हुआ?
इसी के कारण!

जहाँ जितने अधिक नियम निषेध होंगे
जन उतने ही अधिक दरिद्र होंगे
लोगों के हथियार जितने ही घातक होंगे
क्षेत्र में उतनी अधिक अराजकता होगी
जहाँ कुशलता और चातुर्य का आधिक्य होगा
वहाँ उतनी अधिक अप्रत्याशित घटनाएँ घटेंगी
जितने अधिक नियम-कानून होंगे
उतने ही अधिक चोर-लुटेरे होंगे

अतः साधु उपदेश देते हैं
मेरे कार्यवहन के अभाव में लोग सुधरेंगे
मैं शांति-सुख भोग करूँगा
लोग पुण्यात्मन हो जाएँगे
मैं निष्क्रिय रहूँगा, लोग समृद्ध होंगे
मैं वासना रहित होऊँगा और
लोगों के जीवन उन्नत और सरल हो जाएँगे।

58

शासन

जब राष्ट्र का शासन चंचल हाथों में होगा
जन सरल होंगे
जब देश का शासन दक्ष और दबावपूर्ण होगा
जन असंतुष्ट और धूर्त होंगे

सुख की तह में दुख निहित है
आनंद विपत्ति में निहित है
भविष्य की गति का ज्ञान किसे है?
सत्यवादिता कहाँ है?
निष्ठा घात हो सकती है
शुचिता षड्यंत्र हो सकती है
मनुष्य का अमंगल दीर्घजीवी है

अतः संत तीक्ष्ण होते हुए भी घात
नहीं करता
वह नुकीला है किंतु छेदता नहीं
स्पष्टवादी है किंतु निरंकुश नहीं
वह दीप्तिवान हैं फिर भी
कौंध से अंधा नहीं करता।

59

मातृत्व सूत्र

परोपकार ही स्वर्ग की सेवा है
मिताचार से अधिक उपयोगी कोई साधन नहीं
मिताचार निज युक्तियों के मोह-त्याग
से आरंभ होता है
यह भूत में संगृहीत शुचिता पर निर्भर है
सदाचार के संवृद्ध संचय के समक्ष
कुछ भी असंभव नहीं
यदि सब संभव है तो कोई सीमा नहीं
जो मानव सीमाओं से अनभिज्ञ है
वह शासक बनने के योग्य है
शासन का मातृत्व सूत्र सदाचार को
दीर्घजीवी बनाता है
इसे गहन रोपड़ और सशक्त आधार कहते हैं
यही ताओ का सनातन शाश्वत दर्शन है।

60

नूतन शक्ति

देश पर शासन करना छोटी मछली
भूँजने के समान है
ताओ की संगत में विश्व का प्रस्ताव करो
अशुभ अशक्त हो जाएगा
ऐसा नहीं कि पाप में शक्ति नहीं
वरन् उसकी शक्ति दूसरों को कष्ट देने में
उपयुक्त नहीं होगी
वह मात्र अहानिकारक ही सिद्ध नहीं होगी
वरन् स्वयं साधुओं की भी उससे रक्षा होगी
वे परस्पर घात नहीं करते
वरन् उनके गुण एक-दूजे को नूतन शक्ति
प्रदान करते हैं।

61

महान देश

एक महान देश उपत्यका के सदृश
निम्नस्थ हो
यह संसार का संगम स्थल है
विश्व का मातृत्व

स्त्री पुरुष को निश्चलता से जीतती है
निश्चल निम्नस्थ

अतः एक महान देश का छोटे देश को
स्थान देने का अर्थ छोटे देश पर विजय प्राप्त
करना है
यदि एक छोटा देश महान देश के समक्ष
समर्पण करता है
वह महान देश को जीत सकता है
अतः विजयी का समर्पण निश्चित है
क्योंकि वे समर्पित हैं अतः जय को उपलब्ध हैं

महान देश को बड़ी जनसंख्या की आवश्यकता है;
छोटे देश को शरण की आवश्यकता है
अतः प्रत्येक को वांछित की प्राप्ति होती है
महान देश का समर्पण उसे शोभा देता है।

62

महानतम निधि

ताओ दस सहस्त्र द्रव्यों का स्रोत है
यह सदाचारियों का भंडार और
दुराचारियों की शरणस्थली है
मधुर वचन आदर अर्जित कर सकते हैं
जबकि सद्कर्म सम्मान प्राप्त कर सकते हैं
दुराचारी यदि कोई है वह भी अस्वीकृत न हो
अतः जिस दिन सम्राट का राज्याभिषेक हो अथवा
राज्य के तीन मुख्य अधिकारियों की नियुक्ति हो
तब चार घोड़ों का दल अथवा बहुमूल्य रत्न
का उपहार मत भेजो
वरन् थिर हो और ताओ का प्रस्ताव करो
ताओ सबको इतना अधिक प्रिय क्यों है?
कहीं इसलिए तो नहीं कि जो अभिलाषा
करते हो वह तुम्हें प्राप्त होता है
और तुम्हारे पाप क्षमा कर दिए जाते हैं?
अतः यह विश्व की महानतम निधि है।

63

अनुभव

निष्क्रियता का प्रयोग करो
वहन के अभाव में कर्म करो
स्वादहीन का रसास्वादन करो
सूक्ष्म को आवर्धित करो,
अल्पसंख्यता की वृद्धि करो
कटुता को श्रमसाधना से पुरस्कृत करो

जटिलता में सरलता के दर्शन करो
तुच्छता में महानता उपलब्ध करो

ब्रह्मांड में सकल दुष्कर सरलता से घटित होता है
विश्व में महान कार्य तुच्छ प्रयत्नों से साकार होते हैं
साधु बड़े कार्यों का प्रतिपादन नहीं करते
फिर भी महानता को प्राप्त होते हैं

गंभीरता के अभाव में किए प्रण विश्वसनीय नहीं होते
नित कलापों के प्रति अगंभीरता का परिणाम बड़ी कठिनाइयाँ
होता है
क्योंकि साधु सदैव कठिनाइयों में ही विचरते हैं
अतः वे उनका अनुभव नहीं करते
(वे उनसे विचलित नहीं होते)।

64

कर्म से परे

शांति का रखरखाव सरल है;
विपदा प्रारब्ध से पूर्व सरलता से नियंत्रित होती है
भंगुर का प्रकीर्णन सरल है;
तुच्छ का छिन्न-भिन्न होना सहज है

अस्तित्व में आने से पूर्व इस पर विचार करो
संशय उपजने से पूर्व विषयों को व्यवस्थित करो

मनुष्य आलिंगन के योग्य वृक्ष नगण्य अंकुर
से फलित होता है
नौ मंजिला मचान मिट्टी के ढेर से आरंभ होता है
सहस्र योजन की दूरी एक चरण से प्रारंभ होती है

जो अभियान करता है वह अपने उददे्श्य
को परास्त करता है
जो लोभ करते हैं अप्राप्ति को उपलब्ध होते हैं
साधु प्रयास नहीं करते अतः पराजित नहीं होते
वे लोभ नहीं करते अतः अभाव को प्राप्त नहीं होते

लोग अधिकांशतः सफलता के समीप असफल होते हैं
अतः अंत को भी आदि के समान महत्त्व दो
तब असफलता नहीं होगी

अतः साधु वासनाओं से परे है
वह बहुमूल्य द्रव्यों का संचयन नहीं करता
वह युक्तियों पर नियंत्रण नहीं करता
वह मनुष्य को अभाव की स्थिति में लौटा लाता है
वह दस सहस्र पदार्थों को नैसर्गिक गति प्राप्त करने में
सहायता करता है
फिर भी वह कर्म से परे है।

65

दो विकल्प

आरम्भ में जिन्हें ताओ का आभास होता है
वे दूसरों को दीक्षित करने का प्रयास नहीं करते

वे इसे छिपाकर रखते हैं

शासन करना इतना दुष्कर क्यों है?
क्योंकि लोग चतुर हैं
जो शासक चतुराई का प्रयोग करते हैं
देशद्रोह करते हैं
जो चतुराई के अभाव में शासन करते हैं
वे धरती के हेतु वरदान हैं

यही दो विकल्प हैं
इनका बोध आदि गुण है
आदि पवित्रता गहन और दुर्गम है
वह सकल पदार्थों को पुनः स्रोत
की ओर संचालित करता है।

66

आधार

समुद्र सौ धाराओं का स्वामी क्यों है?
क्योंकि वह उनके आधार पर स्थित है
अतः वह सौ धाराओं का राजा है

यदि साधु लोगों का मार्गदर्शन करेगा
तो यह कार्य वह विनम्रता से करेगा
यदि वह उनका नेतृत्व करेगा तो
वह उनका अनुगमन भी करेगा
अतः जब संत शासन करता है
लोग क्लांत अनुभव नहीं करते
जब वह उनके सामने खड़ा होगा
वे उसे किसी प्रकार की क्षति नहीं पहुँचाएँगे
पूरा संसार उसे अथक सहयोग प्रदान करेगा
क्योंकि वह स्पर्द्धा नहीं करता
अतः उसे प्रतिस्पर्द्धा का मुख नहीं देखना पड़ता।

67

नियंत्रण

स्वर्ग तले प्राणी जगत
कहता है कि उनका ताओ उत्कृष्ट है
और तुलना से परे है
क्योंकि वह महान है
वह विलक्षण प्रतीत होता है
यदि यह विशिष्ट नहीं होता तो
बहुत पहले लुप्त हो गया होता
मेरे पास तीन निधियाँ हैं
जिनका मैं चिंतन और संरक्षण करता हूँ
प्रथम दया, द्वितीय मितव्ययिता, और
तृतीय दूसरों से अग्रणी न होने का संयम
दया से निर्भयता आती है
मितव्ययिता से उदारता आती है
विनम्रता से नेतृत्व प्राप्त होता है

वर्तमान में लोग दया त्यागकर
वीरता प्राप्त करने का प्रयास करते हैं
वे मितव्ययिता से विलग उदार
होने का प्रयास करते हैं
विनय में विश्वास के अभाव में वे
अग्रणी होने का प्रयास करते हैं

यह निश्चित मृत्यु है
दया युद्ध में विजय और बचाव में
शक्ति उपलब्ध करती है

यह वही साधन है जिससे स्वर्ग
संरक्षण और नियंत्रण करता है।

68

निर्वाण

एक योग्य सैनिक हिंसक नहीं होता
कुशल योद्धा क्रोधी नहीं होता
कुशल विजेता प्रतिहिंसक नहीं होता
अच्छा नियोक्ता विनम्र होता है
ये अभाव से रक्षा के गुणों के रूप में ज्ञात हैं
यह लोगों से व्यवहार करने की
योग्यता के रूप में जाना जाता है
यह आदिकाल से निर्वाण के
रूप में भी ज्ञात है।

69

विजय

सैनिकों में एक कहावत प्रचलित है
अभियान में अग्रणी होने से श्रेयस्कर
मैं आक्रांत होना चाहूँगा
एक चरण आगे बढ़ाने से श्रेयस्कर
मैं एक चरण पीछे हटना चाहूँगा

इसे प्रगटन के अभाव में गति कहते हैं
वस्त्रविहीन किए बिन बाँहें शक्ति
दान के हेतु प्रशस्त
आक्रमण के अभाव में पकड़
शस्त्र के अभाव सशस्त्र
शत्रु को समझना ही चरम गुण है
शत्रु की क्षमताओं का अवमूल्यन
अपना मूल्य खो देना है

अतः जब युद्ध में सेनाएँ आमने-सामने होंगी
तब सदाशयी अथवा निम्नस्थ विजयी होंगे।

70

अनमोल रत्न

मेरे शब्द बूझने में सरल और
उनकी कार्यरूप में परिणति भी सरल है
फिर भी किसी को उसका बोध नहीं और
न कोई उसके अनुरूप प्रयास ही करता है

मेरे शब्द पौराणिक स्रोतों को व्यक्त करते हैं
मेरे कलाप अनुशासित हैं
मनुष्य मेरे बोध से अनभिज्ञ है

मेरा ज्ञान दुर्लभ है
मुझे अपशब्द कहने वाले सम्मानित होते हैं
अतः साधु मोटा कपड़ा धारण करता है और
अनमोल रत्न हृदय में छिपाकर रखता है।

71

ज्ञान की उपेक्षा

अज्ञानता का ज्ञान शक्ति है
ज्ञान की उपेक्षा अस्वस्थता है

व्याधिग्रस्त होना अस्वस्थता नहीं है
संत मात्र व्याधि से व्याधिग्रस्त होता है
अतः वह कभी अस्वस्थ नहीं होता।

72

विपदा का स्रोत

मनुष्यों में श्रद्धानुभूति का अभाव ही
विपदा का स्रोत है
उनके घरों में घुसपैठ मत करो
जब वे कार्यरत हैं उन्हें मत सताओ
यदि तुम हस्तक्षेप नहीं करोगे
वे तुमसे आतंकित नहीं होंगे
(वे तुमसे नहीं थकेंगे)

अतः संत आत्मज्ञानी है फिर भी
प्रकट नहीं करता
वह आत्मसम्मानी है किंतु अहंकारी नहीं
वह बहुत से द्रव्यों को त्यागकर
किंचित् का चुनाव करता है।

73

स्वर्ग का जाल

एक वीर-वासना प्रवण पुरुष उसकी हत्या होगी
हत्या करेगा अथवा उसका हनन होगा
एक वीर शांत पुरुष सदैव जीवन की रक्षा करेगा
इनमें से क्या लाभप्रद और क्या हानिकारक है?
कुछ कृत्य स्वर्ग द्वारा अनुगृहीत नहीं हैं
कौन जाने क्यों? यहाँ संत भी अनिश्चित हैं

स्वर्ग का ताओ संघर्ष नहीं करता
फिर भी उसकी जय होती है
वह मौन है फिर भी प्रतिउत्तर को प्राप्त होता है
वह आग्रह नहीं करता फिर भी यथाआवश्यक
साधनों को उपलब्ध होता है
वह लक्ष्यहीन प्रतीत होता है फिर भी
उसका ध्येय पूर्ण होता है

स्वर्ग का जाल अनादि है
यद्यपि इसके रंध्र अपरिष्कृत हैं
फिर भी इससे चूक नहीं होती।

74

भय

यदि मनुष्यों में मृत्यु का भय न हो तो उन्हें
मृत्यु से भयभीत करने का कोई उपयोग नहीं

यदि मनुष्य लगातार मृत्यु से भयभीत रहता है और
कानून की अवज्ञा का परिणाम मृत्युदंड हो
तब अवज्ञा का साहस कौन करेगा?

एक शासकीय वधिक होना आवश्यक है
यदि तुम उसका स्थान लेने का
प्रयास करो
यह प्रयास एक कुशल बढ़ई बनने और
लकड़ी काटने जैसा है
यदि तुम कुशल बढ़ई की तरह लकड़ी काटने
का प्रयास करते हो
तब तुम अधिकाधिक अपना हाथ ही घायल करोगे।

75

जीवन

लोग अभावग्रस्त व भूखे क्यों हैं?
क्योंकि शासक करों के रूप में धन खा जाता है
अतः लोग भूखे मर रहे हैं

लोग विद्रोही क्यों हैं?
क्योंकि शासक अत्यधिक हस्तक्षेप करता है
अतः लोग विद्रोहात्मक हैं

लोग मृत्यु के विषय में इतना कम क्यों सोचते हैं?
क्योंकि शासक जीवन से अत्यधिक अपेक्षा करता है
अतः लोग मृत्यु को गंभीरता से नहीं लेते

नितांत अभाव में जीवनयापन करनेवाला
जीवन के मूल्य से वृहत्तर कुछ नहीं जानता।

76

कोमलता

पुरुष कोमल और अशक्त जन्म लेता है
मृत्यु के समय वह कठोर और सख्त हो जाता है
हरित वनस्पति कोमल और सरस होती है
अंत के समय वह कुम्हलाई और सूखी हो जाती है

अतः कठोरता और लोचविहीनता मृत्यु के साधक हैं
कोमलता और विनय जीवन के अनुगामी हैं

अतः कोई लोचविहीन सैनिक अभियान
विजय प्राप्त नहीं करता
न नवने वाला वृक्ष सहजता से टूट जाता है

कठोर और सशक्त का पतन होगा
कोमल और अशक्त विजयी होंगे।

77
स्वर्ग का ताओ

स्वर्ग का ताओ इंद्रधनुष की भाँति वृत्ताकार झुका है
उच्चस्थ निम्नस्थ पर निर्भर है और निम्नस्थ आकाशमुखी
जैसे यदि डोरी अनावश्यक लंबी होगी तो इसे छोटा करना पड़ेगा
यदि अपर्याप्त होगी तब इसे लंबा करना होगा

स्वर्ग का ताओ उनसे प्राप्त करता है
जिनके पास आवश्यकता से अधिक है
और उन्हें दान करता है जिनके पास
यथाआवश्यक भी नहीं है
मनुष्य का विधान निराला है
वह उनसे लेता है जिनके पास नहीं है और
उन्हें देता है जिनके पास पहले से ही बहुत है

जो मनुष्य अपनी आवश्यकता से अधिक
सब कुछ संसार को दे देता है?
वही ताओ का सच्चा अनुगामी है

अतः संत ख्याति के अभाव में कार्य करता है
वह अधिकार के अभाव में यथाआवश्यक
उपलब्धियाँ हासिल करता है
वह अपने ज्ञान को प्रकट नहीं करता।

78

सत्य की ध्वनि

स्वर्ग तले, संसार में जल से अधिक कोमल और विनम्र कुछ नहीं है
फिर भी ठोस और सशक्त पर प्रहार करने के लिए
इससे उत्तम कुछ नहीं
इसके जैसा कुछ नहीं
अशक्त सशक्त पर विजय प्राप्त कर सकते हैं
कोमल कठोर पर विजय प्राप्त कर सकते हैं
पृथ्वी पर सभी इससे परिचित हैं
फिर भी कोई इसका उपयोग नहीं करता
अतः साधु कहता है :
जिसे लोगों की अवमानना शिरोधार्य है
वही उन पर शासन करने के योग्य है
जो राष्ट्र की विपदाओं को अपने प्राणों पर लेता है
वही संसार का शासक होने के योग्य है
सत्य की ध्वनि कदाचित् विरोधाभासी है।

79

सदाचारियों के पक्ष में

कटु द्वंद्व के बाद मनोमालिन्य शेष रह ही जाएगा
इसके लिए कोई क्या कर सकता है?
अतः साधु अपना सौदा अधूरा रखते हैं
और अपने देय का पूर्ण आहरण नहीं करते
एक योग्य व्यक्ति अपनी भूमिका स्वयं करता है
जबकि अयोग्य व्यक्ति दूसरों से उसके दायित्वों का निर्वाह
का वहन करने की अपेक्षा करता है

स्वर्ग का ताओ निष्पक्ष है
वह सदैव सदाचारियों के पक्ष में रहता है।

80

मनुष्यता

छोटे देश की जनसंख्या कम होती है
यद्यपि मशीनें उनके स्थान पर दस से सौ गुणा शीघ्रता से कार्य कर सकती हैं
किंतु उनकी आवश्यकता नहीं है
लोग मृत्यु को गंभीरता से लेते हैं और
लंबी दूरियों तक यात्रा नहीं करते
यद्यपि उनके पास नावें और रथ हैं
किंतु कोई उनका उपयोग नहीं करता
यद्यपि उनके पास अस्त्र-शस्त्र हैं
किंतु उन्हें कोई प्रकट नहीं करता
लिखने के स्थान पर वे रस्सी में गाँठें बनाते लगते हैं
उनका भोजन सुरुचिपूर्ण और साधारण है,
उनके वस्त्र उत्कृष्ट किंतु सादा हैं, उनके घर सुरक्षित हैं;
वे अपने-अपने ढंग से सुखी हैं
यद्यपि वे अपने
पड़ोसियों की दृष्टि-छाया में रहते हैं और
उनके मार्ग के छोर पर
मुर्गों की बाँगें,
कुत्तों का भौंकना आदि के मध्य
वे एक-दूसरे को शांति से
बुढ़ापे में प्रशस्त और मृत्यु को प्राप्त होने देते हैं।

81

साधु का ताओ

सच्चे शब्द असुंदर हैं
सुंदर शब्द सच्चे नहीं
सच्चे व्यक्ति अतार्किक हैं
जो तर्क करते हैं वे सदाचारी नहीं
जो ज्ञाता हैं वे प्रबुद्ध नहीं
जो प्रबुद्ध हैं ज्ञाता नहीं

संत कभी पदार्थों का संचय नहीं करता
जिस मात्रा में वह दान करता है
उसी मात्रा में असीम उसकी प्राप्ति होती है
जितना वह लोगों के सेवार्थ करता है
उतना ही सशक्त होता है

स्वर्ग का ताओ तीक्ष्ण है
किंतु क्षति नहीं पहुँचाता
साधु का ताओ प्रयास के अभाव में कर्म है।

परिशिष्ट

यहाँ मैं उन विचारों की व्याख्या करना चाहती हूँ जिनसे मेरा साक्षात्कार ताओ-ते-छिङ के दर्शन का अध्ययन-अनुवाद करते हुए हुआ।

1. ताओ बोध एक खास तरह की चैतन्यता है जिसकी प्रत्येक व्यक्ति को अपने लिए स्वयं खोज करनी है। पुरातन प्रचलित मान्यताओं, विचारों के सम्मोहन से निकले बग़ैर ताओ का दर्शन नहीं किया जा सकता; जबकि सामान्य दिमाग़ इन्हीं मोह और भ्रमों में लिप्त रहता है।

   सामान्यतः यह हमारी इच्छाएँ ही हैं जो सदैव हमें एक प्रकार के पराग नृत्य में व्यस्त रखती हैं। यदि इच्छाएँ महत्त्वाकांक्षी न हों वरन् सरल नैसर्गिक आवश्यकताएँ हों तब उनका दमन नहीं करना चाहिए। ऐसे आग्रह ही व्यक्ति के ताओ को अभिव्यक्त करते हैं और अलग-अलग व्यक्तित्व की स्थापना करते हैं।
2. सुंदरता-असुंदरता, दुरूह-सरल, ऊँच-नीच, अच्छाई-बुराई परस्पर एक-दूसरे के अस्तित्व को स्थापित करते हैं। विपरीत शक्तियों के संतुलन से विश्व स्वयं को अभिव्यक्त करता है। अतः एक सजग व्यक्ति किसी एक पक्ष में आसक्ति या विरक्ति से परे एक संतुलन में विश्वास रखता है। यही ताओ का मार्ग है।
3. भारतीय दर्शन में इसे मोह से मुक्ति कहेंगे। यह मोह ही है जो लिप्तता का आग्रह करता है। इच्छाएँ, महत्त्वाकांक्षाएँ मोहक इंद्रजाल रचकर ताओ से परे कर्म करने के लिए प्रेरित करती हैं, जहाँ जीवन की पराजय निश्चित है; जबकि साधारण मनुष्य इसमें सफलता-असफलता के दर्शन करता है।

5. 'यथाशीघ्र केंद्र को ग्रहण करें' का अर्थ है वस्तु, विचार आदि कुछ भी हो, उसके औचित्य की वस्तुस्थिति का ज्ञान प्राप्त करें।

   प्राचीन चीन में तृण कुक्कुर संकेतिक बलि के लिए उपयोग में लाए जाते थे। इसी तरह संसार में बहुत सी वस्तुएँ त्यागने योग्य हैं। उनके मोह से मुक्ति ताओ का मार्ग है।
6. आदि मातृत्व अथवा प्रेम ही स्वर्ग-संसार का द्वार है। यह एक पारदर्शी जल का आवरण है जो दिखाई नहीं देता। किंतु यह ऐसा उपाय है जो कभी असफल नहीं हो सकता।
7. जो सबके पीछे खड़ा है वह भी अग्रणी है। जो किसी से मोह नहीं करता वही समदृष्टि रख सकता है। इसलिए स्वार्थरहित कार्य पूर्ण हो जाते हैं। यह लाओत्से के दर्शन का रहस्य है।
8. जल, स्त्री, शिशु आदि की नैसर्गिक वृत्ति का उपयोग लाओत्से अपने दर्शन को समझाने के लिए करता है। ताओ जल की भाँति है जो प्राणिजगत का पोषण करता है फिर भी त्याज्य स्थानों में विनम्रता से प्रवाहित होता है।
9. अति की ओर पहुँचते हुए अंत भी द्रुततर समीप आ जाता है यानी अंत का स्थान अति के पास ही है। अतः लाओत्से किसी भी तरह की अति से सजग करता है।
10. सांसारिक जीवन में पवित्रता, पूर्णता धार्मिक नैतिकता की देन है। सामाजिक नैतिकता से विलग आप जिस कार्य को उचित समझते हों, मन, कर्म वचन के साथ समर्पित भाव से करिए—चाहे परिणाम सुनिश्चित न हो। यहाँ भागवद्गीता के 'कर्म करो फल की इच्छा न करो' जैसा विचार व्यक्त होता है।
11. यहाँ लाओत्से अद्भुत विचार व्यक्त करता है। लाभ अस्तित्व से और उपयोगिता रिक्तता से आती है। यह दुर्लभ अनुभव-सूक्ष्म दर्शन है।
12. अति और अभाव दोनों से परे यहाँ भी लाओत्से मध्यम मार्ग के अनुगमन की दीक्षा देता है।
13. दुर्भाग्य का प्रारब्ध शरीर के साथ होने का अर्थ है कि शरीर धारण करते ही शरीर-मन की आवश्यकताओं व सांसारिक गतिरोधों के साथ सौभाग्य दुर्भाग्य का दुश्चक्र शुरू हो जाता है। आप कितनी ही आरामदायक स्थिति में क्यों न हों, कुछ न कुछ इच्छाएँ अपूर्ण

रहेंगी जो आपको निराश कर सकती हैं। बौद्ध दर्शन के अनुसार यह शरीर मुक्ति की कामना रखनेवालों के लिए वरदान है किंतु यही शरीर दुष्ट आत्माओं को नरक के सोपानों में उतारने का साधन भी है।

16. ताओ अथवा बोध के अनुभव हेतु स्वयं को तैयार करने के लिए सांसारिकता से रिक्तता पहला चरण है।
17. इस अध्याय के छंद नेतृत्व के मूल मंत्र का अध्ययन हैं।
18. सकारात्मक भावों के विपरीत नकारात्मक और नकारात्मक भावों के विपरीत सकारात्मक भाव सशक्त होते हैं। इस तरह के अनोखे विचार लाओत्से के सामाजिक मनोविज्ञान का सूक्ष्म अध्ययन प्रस्तुत करते हैं।
19. अप्राकृतिक सकारात्मक अथवा नकारात्मक गुण जिन्हें सप्रयास प्राप्त किया गया हो, समाज के लिए उपयोगी नहीं हैं। ऐसे बनावटी संस्कारों के त्याग से समाज लाभान्वित होगा, क्योंकि जो नैसर्गिक नहीं है, सुनिश्चित नहीं हो सकता। उसके डिग जाने का भय बना रहता है। जो अस्वाभाविक है, वह अनुपयोगी है।
20. प्राप्ति-अप्राप्ति, लाभ-हानि, सफलता-असफलता के बीच विचरता मनुष्य किस तरह की मानसिक दुविधाओं-निराशाओं का शिकार बनता है, यह अध्याय ऐसी ही मनोदशा का विश्लेषण है।
21. अपनी नैसर्गिकता के समीप ताओ अथवा बोध की संगत में स्वाभाविक जीवन संभव है। चूँकि हर कुछ क्षणिक है तब किसी खास स्थिति में बने रहना कैसे प्राकृतिक हो सकता है? अतः पूर्णता के लिए अपूर्ण होना स्वीकार करें। तब ही इस चक्र के तहत कुछ क्षण के लिए वास्तविक पूर्णता का अनुभव संभव हो सकेगा।
23. अपनी नैसर्गिता से परे जीवन निरर्थक है। बोध का खोना ही वास्तविक क्षति है। यदि स्वेच्छा से थोड़े समय के लिए हानि का अनुभव किया जाए तब ही आप लाभ-हानि के गणित को समझ सकते हैं। अस्वाभाविकता में रहना तो जीवन खो देना है।
24. किसी भी तरह का अन्यथा भार जीवन में गतिरोध उत्पन्न करता है।
25. ताओ प्रकृति का अनुगामी है। यहाँ प्रकृति का अर्थ व्यक्तिगत नैसर्गिकता से है जो प्रत्येक व्यक्ति में अलग है। आज जेनेटिक्स ने इसे प्रमाणित कर दिया है।

26. स्वाभाविक गुण हत्प्रभ नहीं हो सकते। अवास्तविक गुण टिकाऊ नहीं हो सकते। अतः संत बग़ैर किसी चुनाव के प्रत्येक व्यक्ति की प्रकृति का सम्मान करता है।

27. यदि स्त्री की प्रकृति में नैसर्गिक प्रेम का अभाव हो तब संतति का पालन संभव नहीं हो सकेगा। यह पृथ्वी पर रहनेवाली किसी भी जाति के लिए घातक हो सकता है। अतः मातृत्व गुणों का संरक्षण व सम्मान होना चाहिए।

32-34. 'ताओ' श्रोत से सागर तक नदी की तरह प्रवाहित होने जैसा प्राकृतिक है। अतः नैसर्गिकता के समीप रहने से अधिक सार्थक व आनंददायक जीवन कुछ नहीं हो सकता। अपनी नैसर्गिकता में प्राणी स्वाभाविक रूप से विचरता है, इसके लिए किसी प्रकार के भी नियंत्रण अथवा निर्देश की आवश्यकता नहीं है।

33. ताओ ज्ञान अथवा सांसारिक सूचनाओं से परे सूक्ष्म दर्शन है। यही भेद पार्थिव शक्ति और आत्मबल में है। अनुपयोगी विचार और वस्तुओं से मस्तिष्क को रिक्त करके जीवन को बोझरहित बनाया जा सकता है।

38. जब गुण नैसर्गिकता से अद्‌भुत होंगे तब वे स्वाभाविक रूप से प्रवाहित होंगे। गुणों के सप्रयास प्राप्ति की स्थिति में संशय बना रहेगा यानी मूल प्रकृति से पृथक् संभावनाएँ क्षीण हैं।

42. विश्व दो विपरीत शक्तियों की संगति से संचालित है। जो किसी एक की स्तुति करते हैं वे नष्ट हो जाते हैं। ताओ के अनुगामी दोनों के बीच संतुलन बनाए रखते हैं। अतः सफल हैं। यही ताओ का मार्ग है।

47. मनुष्य अपनी बौद्धिक उपलब्धि के कारण अप्रत्यक्ष का भी दर्शन कर सकता है। अतः मात्र भटकने से प्राप्ति को सुनिश्चित नहीं किया जा सकता। जीवन छोटा होने की वजह से चीज़ें स्थिर दिखाई दे सकती हैं जबकि हर कुछ परिवर्तनशील है। अतः सभी घटनाएँ प्रकृति का उद्‌घाटन हैं; जबकि अहं के मद में मनुष्य स्वयं को कर्ता मान बैठता है।

48. ताओ के अनुगमन में नित्य किसी न किसी भूत-भ्रम से निवृत्त होना निश्चित है। यह निवृत्त रिक्तता की ओर ले जाती है जो नैसर्गिकता के समीप जीवन को संभव बनाती है।

50. जो लोग जीवन का अर्थ समझते हैं, वे जीवन का सम्मान करते हैं। उन्हें कुछ भयभीत नहीं करता।

59. अपनी सूक्तियों के मोह-त्याग से ही संयम की शुरुआत हो सकती है। संयम जिनका स्वभाव है उसके लिए सीमाओं का कोई अर्थ नहीं। जिसकी सीमाओं का अंत हो चुका है वह शासक बनने योग्य है। यह अध्ययन लाओत्से का वंशानुगत अथवा अतीत में संयम के अभ्यास का महत्त्व स्थापित करती है।

63-64. जीवन की गुणवत्ता मनुष्य में निहित सजगता की मात्रा पर निर्भर है। यही बोध को सशक्त करती है। यह भी कहा जा सकता है कि जीवन का ताओ सजगता की गुणवत्ता का परावर्तन है।

65. बोध चैतन्यता अथवा ताओ स्वयं उद्भूत होनेवाली घटना है। अतः इसके लिए उपदेश उपयोगी नहीं हो सकता। इसीलिए ताओ के अनुगामी दूसरों को दीक्षित करने का प्रयास नहीं करते।

71. निर्वाण सांसारिकता के पूर्ण दर्शन का पर्याय है। उसी तरह बोध अज्ञानता का पूर्ण ज्ञान है। इस शृंखला में सुकरात की स्वीकृति 'मैं मानता हूँ कि मैं नहीं जानता' उसके बोध का द्योतक है।

74-75. ये दोनों अध्याय प्रजा के जीवन में शासकों के अत्यधिक हस्तक्षेप के दुखद परिणामों का वर्णन हैं। सामाजिक व्यवस्था बनाए रखने भर के लिए अभियान होना चाहिए; अन्यथा हस्तक्षेप बग़ावत को उकसा सकता है। अतः योग्य शासक उदार होता है।

●●●